世遗明珠 多彩大明
探秘明十三陵

胡汉生 著

中央党校出版集团　大有书局

图书在版编目（CIP）数据

世遗明珠　多彩大明：探秘明十三陵 / 胡汉生著．
-- 北京：大有书局，2024.7
ISBN 978-7-80772-178-9

Ⅰ．①世… Ⅱ．①胡… Ⅲ．①十三陵—介绍
Ⅳ．① K928.76

中国国家版本馆 CIP 数据核字（2024）第 094357 号

书　　名	世遗明珠　多彩大明：探秘明十三陵
作　　者	胡汉生　著
出版统筹	严宏伟
策　　划	淡　霞
责任编辑	淡　霞　侯文敏
装帧设计	薛　宇
责任校对	李盛博
责任印制	袁浩宇
出版发行	大有书局
	（北京市海淀区长春桥路 6 号　100089）
综 合 办	（010）68929273
发 行 部	（010）68922366
经　　销	新华书店
印　　刷	北京博海升彩色印刷有限公司
版　　次	2024 年 7 月第 1 版
印　　次	2024 年 7 月第 1 次印刷
开　　本	787 毫米 ×1092 毫米　1/16
印　　张	19.75
字　　数	260 千字
印　　数	1—5000
定　　价	118.00 元

本书如有印装问题，可联系调换，联系电话：（010）68928947

目　录

引言 ··· 1

第一章　门户秘闻 ·· 17
一、为何选址天寿山 ·· 19
二、大红门为何建在山口处 ····································· 20
三、石牌坊的形制和特点 ······································· 25
四、嘉靖皇帝为何为永乐皇帝建造石牌坊 ···················· 26

第二章　神道威仪 ·· 35
一、穹碑纪圣绩 ··· 37
二、石像壮威仪 ··· 40
三、神道礼为尊 ··· 46

第三章　山陵巍巍 ·· 55
一、陵寝的自然环境 ··· 58
二、殿宇建筑辉煌壮丽 ·· 60
三、玄宫深邃，宝山巍峨 ······································· 64

第四章　祔后秘档 …………………………………… 77
一、续弦后 …………………………………………… 80
二、尊称后 …………………………………………… 81
三、追谥后 …………………………………………… 86

第五章　永定越制 …………………………………… 93
一、六陵俭制 ………………………………………… 95
二、永陵越制 ………………………………………… 98
三、定陵仿永陵 ……………………………………… 104

第六章　祖陵孙用 …………………………………… 117
一、墓主隆庆皇帝 …………………………………… 119
二、大峪山显陵之建与弃用 ………………………… 121
三、陵园建筑的特点 ………………………………… 126
四、合葬皇后 ………………………………………… 129

第七章　玄宫迷雾 …………………………………… 137
一、定陵地宫布局的设计理念 ……………………… 140
二、其他各陵地宫制度 ……………………………… 146
三、自来石与地宫石门 ……………………………… 149

第八章　瑰宝掇英 …………………………………… 155
一、帝后的葬式 ……………………………………… 157
二、衣冠首饰 ………………………………………… 158
三、帝后袍服 ………………………………………… 163

四、宫廷器物 ································· 167

第九章　景泰遗墟　175
一、景泰登极与英宗复辟 ······················· 177
二、金山葬郕王，成化改帝陵 ··················· 180
三、天寿山景泰帝寿陵的修建与被毁 ············· 182
四、景泰洼处建庆陵 ··························· 184

第十章　天启德陵　193
一、醉心木作，爱好特殊 ······················· 195
二、魏客勾结，结党干政 ······················· 196
三、崇祯建陵，困难重重 ······················· 202
四、张皇后之葬 ······························· 206

第十一章　圣号陵碑　209
一、万历重建长陵圣号碑 ······················· 211
二、循名责实，评价吻合 ······················· 214
三、文过饰非，评价牵强 ······················· 217
四、帝王才艺，略而不表 ······················· 219

第十二章　无字碑谜　225
一、泰山和唐乾陵的"无字碑" ················· 227
二、天寿山明陵的无字碑成因 ··················· 230
三、碑兽别名 ································· 236
四、石碑安装 ································· 237

第十三章　日暮思陵 …… 243
一、崇祯亡国的历史原因 …… 245
二、崇祯皇帝之死 …… 247
三、李自成农民军礼葬崇祯帝后 …… 249
四、清朝定鼎，建造思陵 …… 252

第十四章　天寿妃园 …… 263
一、永乐皇帝的东西二井 …… 265
二、成化万贵妃墓 …… 267
三、嘉靖皇帝的三座妃子墓 …… 270
四、万历皇帝的五妃坟 …… 275

第十五章　陵阙余晖 …… 285
一、明代天寿山明陵的管理 …… 287
二、清代对明十三陵的管理 …… 291
三、乾隆时期大举修缮明十三陵 …… 293
四、晚清及民国初年对明十三陵的管理 …… 297

附录　明朝帝陵、帝系一览表 …… 305

引 言

明十三陵，位于北京市昌平区的天寿山麓，是1961年国务院公布的第一批全国重点文物保护单位，也是2003年联合国教科文组织世界遗产委员会第27届会议审议通过的世界文化遗产——"明清皇家陵寝"的重要组成部分，更是驰名世界的AAAAA级旅游景区。

明十三陵，因由明代13位皇帝陵寝组成而得名。明朝的皇帝，不计南明先后有16位皇帝临朝称制。其中，除第二位皇帝建文皇帝朱允炆，因"靖难之役"下落不明没有陵墓外，其余15位皇帝都有陵墓保存至今。

明太祖朱元璋因定鼎南京，死后葬在了南京钟山脚下的孝陵；景泰皇帝朱祁钰生前虽曾在天寿山陵区内营建"寿宫"，后来却因其兄英宗朱祁镇重登皇位，而被废黜皇位，最终以王礼葬于京西金山，自成化时恢复其帝号，始称为"景皇帝陵寝"。其余的13位皇帝以及他们的皇后都葬在了天寿山陵区内，形成了十二座帝后合葬的陵寝。世称其为"明十三陵"，或简称为"十三陵"。

其中，长陵位于天寿山中峰之前，葬明成祖朱棣和皇后徐氏；献陵位于天寿山西峰之前，葬明仁宗朱高炽和皇后张氏；景陵位于天寿山东峰之前，葬明宣宗朱瞻基和皇后孙氏；裕陵位于天寿山西峰石门山前，葬明英宗朱祁镇和皇后钱氏、周氏；茂陵位于天寿山西峰聚宝山前，葬明宪宗朱见濡

（深）[①]和皇后王氏、纪氏、邵氏；泰陵位于茂陵西北笔架山前，葬明孝宗朱祐樘和皇后张氏；康陵位于泰陵南金岭山前，葬明武宗朱厚照和皇后夏氏；永陵位于景陵东南阳翠岭前，葬明世宗朱厚熜和皇后陈氏、方氏、杜氏；昭陵位于大峪山前，葬明穆宗朱载坖[②]和皇后李氏、陈氏、李氏；定陵位于昭陵北大峪山（原名小峪山）前，葬明神宗朱翊钧和皇后王氏（孝端）、王氏（孝靖）；庆陵位于献陵西黄山寺二岭前，葬明光宗朱常洛和皇后郭氏、王氏、刘氏；德陵位于永陵东潭峪岭山前，葬明熹宗朱由校和皇后张氏；思陵位于陵区西南鹿马山前，原系崇祯帝宠妃皇贵妃田氏的墓葬，"甲申之变"，崇祯皇帝自缢煤山，明朝灭亡，崇祯皇帝朱由检和皇后周氏，被李自成下令葬入了田贵妃墓中。清廷入关，将其定名为"思陵"，并增建地上建筑，遂成明十三陵最后一陵。

明十三陵之所以被世人珍重，是因为它有三个特点。

第一，明十三陵安葬有明朝13位皇帝，这些皇帝在位时间总共长达235年，占据了明朝277年的绝大部分历史。

这些皇帝尽管在位时间有长有短，生前政绩也不尽相同，但他们无一不曾搅动着大明王朝波谲云诡的政治风云。他们生前的各种政治决策，无不对大明王朝的兴衰安危产生了巨大的作用。同时，也直接或间接地影响着明代的陵寝制度。

例如，永乐皇帝在位22年，在位期间下令编纂《永乐大典》，丰富了

[①] 《明史》卷十三："宪宗……讳见深……初名见浚……天顺元年，复立为皇太子，改名见深。"笔者认为，此记载有误。因为，《明英宗实录》卷一八一记载："（天顺元年三月己巳）册立元子见濡为皇太子。"又，《明宪宗实录》卷一："天顺丁丑，英宗睿皇帝……复立上为皇太子。上初名见深，至是更名见濡。"当以《明实录》记载为是。

[②] 《明史》卷十九："穆宗契天隆道渊懿宽仁显文光武纯德弘孝庄皇帝，讳载坖。世宗第三子也。"笔者认为，此记载有误。因为，《明世宗实录》卷二〇〇记载："嘉靖十六年五月己卯朔，上命皇第三子名载坖……上亲告太庙。"笔者认为当以《明实录》记载为是。

明朝的文化典籍；派遣太监郑和带领庞大的船队远下西洋，进行文化交流和友好贸易，增强了明朝在国际上的影响力。明仁宗御制的《大明长陵神功圣德碑》记载，当时"西南海外新受封爵者"就有30余国。他下令将都城（明朝称为京师）从偏处江左的南京，迁到了被大臣们称为"北枕居庸，西峙太行，东连山海，南俯中原，沃壤千里，山川形胜足以控四夷、制天下，诚帝王万世之都"[①]的北京，使北京成为继辽、金、元三代之后明朝的政治、经济、文化中心。同时也进一步加强了明朝北部边塞的军事防御，保证了明朝边塞地区百姓的安居乐业。永乐皇帝一生雄才大略、建树颇多；所建长陵，规制宏伟，亦为十三陵第一大陵。

明仁宗朱高炽、明宣宗朱瞻基两位皇帝，是明代的守成之君。他们父子二人，在位期间厉行节俭，养息民力，使明朝的经济状况得以恢复和发展。后世对其国家的治理有"仁宣之治"[②]的美誉，明仁宗更有从俭建陵的遗诏。因此，仁宗的献陵、宣宗的景陵分别有"最朴""最小"之说，为之后营建的裕、茂、泰、康诸陵树立了俭朴陵制的楷模。

此后，明英宗朱祁镇曾两次登上皇位，前后在位22年。他一生政绩平平，曾在太监王振的怂恿下御驾亲征，结果在怀来的土木堡被蒙古的瓦剌部俘虏，史称"土木之变"。但他临终遗诏下令废止了妃嫔殉葬的残酷制度。所以，明代帝陵，从他的裕陵开始，就不再有殉葬妃嫔了。

明宪宗朱见濡（深）在位23年，不仅为政平庸，还迷信佛道。因为口吃，很少召见大臣。他的后宫生活也比较特殊，一生钟情于比自己年长17岁的皇贵妃万氏，导致万氏在后宫横行无忌。

明孝宗朱祐樘在位18年，在位期间，任用贤臣，政平人和，史称"弘

[①] 《明太宗实录》卷一八二。
[②] （清）谷应泰《明史纪事本末》作"仁宣致治"。今人习称"仁宣之治"。

治中兴"。就连清代所修《明史》都称赞弘治时期"朝多君子""明有天下，传世十六。太祖、成祖而外，可称者仁宗、宣宗、孝宗而已"。

明武宗朱厚照在位16年，在位期间贪图玩乐、荒淫不循规矩。但他对音乐、打仗方面颇有兴趣，曾自封为总督军务威武大将军、总兵官。还为自己起了"朱寿"的名字。而且，正德十二年（1517）十月，武宗在山西应州还真与蒙古鞑靼部小王子所率领的骑兵打了一场硬仗。武宗带队冲杀，亲自斩杀了一名敌兵，明军获胜。这使后来的二三十年间，蒙古骑兵不敢南犯。

明世宗嘉靖皇帝朱厚熜，因前任皇帝武宗无后，以帝王旁系入继大统，由此引发了旷日持久的"大礼议"之争。为彰显自己皇权的至高无上，他不仅运用司法手段对与自己持不同意见、意图掌控朝廷政局的官僚集团进行了残酷的打击镇压，还大肆为自己建造被称为十三陵第二大陵的永陵，并且为前七陵增建碑亭，为长陵增建大型的石雕牌楼，使此后的明朝帝陵由简朴转向奢华。

明穆宗隆庆皇帝朱载垕，在位6年。在位时间虽然不长，但是他能听从大臣意见，解除海禁，与蒙古俺答部达成和议，使明朝"南倭北虏"的严峻形势得以缓解，这对大明王朝来说，也称得上是推行了开明政策。穆宗去世后葬于昭陵。但昭陵原本是嘉靖皇帝为将其父朱祐杬从湖北显陵迁葬到天寿山，并安葬其母亲章圣皇太后蒋氏在天寿山营建的"显陵"。只是后来嘉靖皇帝改变了主意，放弃了迁葬计划。当时，地下宫殿已经建好，地面建筑应该也是有了规划。所以，昭陵的祾恩殿一改献、裕、茂、泰、康等陵祾恩殿面阔五间、进深三间、单檐歇山顶的形制，而是像湖北显陵的祾恩殿那样，采用面阔五间、进深四间、重檐歇山顶的形制。后来，明光宗的庆陵、明熹宗的德陵的祾恩殿采用的也是这种形制。

明神宗万历皇帝朱翊钧，在位48年。在位前十年，首辅大臣张居正辅政，张居正在李太后的支持下，在政治、经济等各个领域推行改革，使明朝一度富强起来。但张居正改革成就越大，就越"功高震主"，对皇权造成冲击。所以，他去世之后，尸骨未寒，即被万历皇帝清算，不仅被追夺官爵，还被抄家。万历皇帝因为自己这段特殊的从政经历，皇权意识极度膨胀，所以营建"寿宫"（定陵）时，一意孤行，不听大臣劝告，超越父陵，一心仿照永陵而建。后人因此有"竭内府之金钱、穷工匠之巧力"[①]的描述。

明光宗朱常洛，在位一月而崩，熹宗朱由校在位7年，朝政腐败，经济、军事形势出现危机，所以，庆陵、德陵在营建时，财政都极为困难，不得不采用开纳"事例"的方法筹集资金。所谓开纳"事例"，就是允许有钱人家捐钱修陵，然后授予他们一定的官职。这种做法，被时人讥讽为"卖官营陵"。

明朝最后一帝崇祯皇帝朱由检，虽有中兴明室的愿望，但他志大才疏，刚愎自用，没有治国的聪明睿智和行之有效的治国策略，因此在外有后金（后称清朝）虎视眈眈，攻城略地，不断侵扰南犯，内有农民起义此起彼伏，风起云涌的内外交困形势下，自缢而亡。因此他的"思陵"也成为十三陵中唯一一座由妃子坟改为帝陵，且由清朝营建地面建筑的皇帝陵寝。

十三陵里除安葬有皇帝外，还葬有23位皇后。这些皇后中有13位系原配皇后；其余10位中，除了嘉靖皇帝的孝烈皇后方氏和隆庆皇帝的孝安皇后陈氏属于续弦皇后，其余8位都是在皇帝死后，或生前或死后被嗣帝尊为皇太后而葬入帝陵的。由于明代有禁止后宫干政的制度，皇帝在世时，皇后在政治上是不可能发挥太大作用的。但皇帝死后，也不乏不让须眉的巾帼人物，因辅佐幼帝而有所作为的。其中，除了人们熟知的支持张居正

---

① （清）梁份：《帝陵图说·定陵》。

改革的李太后，仁宗的张皇后也是一位对明朝政局影响较大的人物。

张皇后是仁宗的原配。仁宗去世后，她经常询问嗣帝宣宗处理朝政的情况，提示宣宗要听从大臣的意见，体恤百姓的疾苦。后来，宣宗去世，9岁的英宗即位。有大臣认为英宗年幼，建议太皇太后张氏垂帘听政。但是，张氏却说："以我寡妇，坏祖宗家法不可！"她让仁、宣时的旧臣杨士奇、杨荣、杨溥（"三杨"）主持朝政，并对宦官干政的情况进行约束，使正统初年的形势得以平稳发展。正统二年（1437）的一天，她发现司礼监太监王振利用英宗的信任，渐有专权的苗头，就召来英国公张辅，以及"三杨"、胡濙等五位大臣，又把英宗叫来，对他说："这五位大臣，都是先朝留下来的忠正大臣。今后遇事，一定要与他们商量好才能去办。"她又派人把王振叫来。王振刚一跪下，张氏就厉声喝道："你侍候皇上不周，应当赐死！"两旁女官应声而起，将刀架在王振的脖子上。王振被吓得浑身哆嗦，五位大臣为他求情，张氏才饶过他。张氏警告他说："你们这种人，自古多误人国。皇帝年幼，哪里知道。这次饶过你，将来再犯，一定治罪！"由于张氏能倚重忠心正直的官员，又能约束内官，正统初年没有出现内官干政的情况，国家政事也蔚然可观。正统七年（1442）张氏去世，葬献陵。此后王振专权乱政，导致了正统十四年（1449）的"土木之变"。在这场变故中，明军精锐在土木堡全军覆没，英宗被蒙古瓦剌部俘虏。

第二，各陵选址非常考究，不仅各陵都处在山环水抱之中，气势磅礴，而且卜吉所据理论也哲理深邃、内涵深厚。

十三陵作为一个宏大的皇家陵寝区域，每座陵在选址时，朝廷都会派遣精通风水术的钦天监官员以及文武大臣对陵寝位置进行细致的考察。他们为给皇帝选到天造地设、山川大聚的"万年吉地"，都会基于古代"天人合一"的哲学理念，按照古代的风水堪舆之说，对陵寝所选地的龙（陵后的山脉）、穴（陵寝地宫金井位置）、砂（陵园左右和前面的山）、水

（河流或河道）、明堂（陵园前方的开阔地）等景观因素进行通盘考虑和规划设计。

当时，陵寝位置的选择最讲究"藏风聚气"之说，即认为山脉里流行着"生气"（也称五行之气），死者所葬的有生气的地方，就是福荫子孙的"吉地"。所以，每个陵都必须后面有高大的山脉，作为陵寝的龙脉；必须左右分别也有山脉，作为陵园的龙砂和虎砂；陵前则必须有开阔平地做明堂，还要有低矮秀丽的山峦或山岗做案山、朝山。这些山峦环绕陵寝四周，构成了"左为青龙，右为白虎，前为朱雀，后为玄武"的完美的四势格局，借以达到风水术所讲求的"藏风"（挡风）要求。陵园左右两侧和前面还要有河流或河道屈曲环抱，这些河流抱合陵园，又借以达成风水术上的"聚气"（水能界止生气流逝）要求。

基于这个原因，十三陵各陵的景观环境无一不呈现山环水抱、风景旖旎的特点。清宣统元年（1909），民政部侍郎乌珍在考察明十三陵后，所写《查勘明陵记》中就曾这样说："凡山势，由甲陵望乙陵，疑其地偏侧或旷廊而无所蓄藏。及履其地，水抱山环，无不自具形势。"清乾隆皇帝在《哀明陵三十韵》中也描述十三陵的地理环境："北过清河桥，遥见天寿山。胜朝十三陵，错落兆其间。太行龙脉西南来，金堂玉户中天开。左环右拱实佳域，千峰后护高崔巍（嵬）。"也就是说，凡目力所及，能看到的景观，无论远近，都是陵寝位置选择的重要因素。

尽管古人选址的理论带有一些迷信色彩，但由于各陵陵寝建筑四面空间构成和山水形态异彩纷呈、气象万千，各陵周围的景观都呈现了赏心悦目、层次多变的特色。

陵园背后的山脉，被称为龙脉，是陵园的主山。其高大巍峨壮观的山峦构成了陵园宏大壮丽的背景，因其近在陵后，故构成了陵园的"近景"之美；陵园左右的龙砂、虎砂诸山，因与陵园距离稍远，视觉上比陵后的主山都要低些，故而构成了陵园两侧景致的"中景"之美；陵园前方的朝山、案山，因其在视觉上显得更为低矮，且有的山脉与陵园距离更远，故又构成了陵园云烟缥缈中的"远景"之美。这远、中、近不同空间所构成的景观，在陵园左右和前面的水流映衬下，水乳交融般地汇聚在一起，极大地丰富了陵寝建筑的景观内容。这说明，它与中国古代的园林建筑的"借景"之说，存在着异曲同工之妙。且无论远、近、仰、俯，处处有景可借。

明十三陵的这种以大自然景观为创作主题，进行陵寝建筑规划设计的做法，在世界建筑史上是一个奇迹。国外的一些世界闻名的国王级别的陵墓，例如埃及的金字塔，建筑也非常高大宏伟。其中古埃及第四王朝（公元前26世纪）法老（国王）胡夫金字塔，高达146.5米，用了230万块巨石叠成，可谓工程浩大。但是，它的建筑成就主要是体现在建筑本身技术难度上，并没有考虑周围的山、水、林、原丰富的景观环境对建筑物的衬托作用，更没有明十三陵这种中国特色的景观内涵和深邃的哲理。虽然，其设计也有古埃及神话的背景，例如，在古埃及人看来，锥形尖顶的金字塔就像刺向青天的太阳光芒，代表着死去的法老可以通过金字塔的天梯到达天上，从而体现灵魂升天的观念。但这种设计理念，与明十三陵遵循的景观设计理念明显存在很大差异。因为明十三陵和中国历代的陵寝的景观设计，是遵照中国古代"天人合一"的哲学理念，追求天、地、人三者的和谐统一，以北极紫微垣居中，青龙、白虎、朱雀、玄武四面星宿拱卫环绕的天文画卷为设计蓝图的。这也就是在被称为群经之首的《周易》中的《系辞上传》所说的"在天成象，在地成形"。

所以毫无疑问，从建筑艺术的结果看，明十三陵的景观呈现的是建筑与环境相和谐，更为宏伟壮观、大气磅礴，具有"庙堂"之气的艺术风格。

对于这一点，美国的建筑景观学专家西蒙德在他的著作《建筑景观学》中有过客观的阐述。他在对比埃及建筑与中国帝陵建筑后，引述了奥斯瓦尔德·斯彭勒的话说："埃及人是在他自己预定的一条不能改变的需求道路上一直走到底。中国人在他的世界里……独自徘徊时，由友好的大自然来引导他谒见上天与祖坟，所以没有任何一个地方，风景会这样真正成为建筑艺术的材料。"①

很显然，以明十三陵为代表的中国古代陵寝建筑所呈现的文化特征，在世界上也是独树一帜，特色非常鲜明的。

第三，陵寝建筑宏伟壮丽，在"事死如事生"的传统礼制影响下，制仿皇宫，造就了另一个"紫禁城"世界。

我国自古以来，就有按照死者生前居住环境营建墓葬建筑的习俗。所以，早在战国时期，《荀子·礼论》中就说过："丧礼者，以生者饰死者也。大象其生，以送其死也。"又说："故圹垄，其貌象室屋也。"就是说，早在战国时期的丧礼中，贵族们就已经讲求按照死者生前所居去建设其墓葬建筑了。

明十三陵的每座陵寝，建筑规模并不一致，有的规模大，有的规模小。但是它们在建筑的设置和布局上，有一个共同的特点，这就是与明代的皇宫建筑有许多相似之处。这其实就是古代"事死如事生"的礼制的一种体现。因为在古人看来，人去世之后，灵魂还在，还有饮食起居的各种需求。所以，古代陵寝建筑的设计建造，往往也是仿照皇帝生前所居住的宫廷建筑进行建造。

例如，明朝皇宫建筑都是红墙黄瓦的大式宫殿建筑，明十三陵的陵寝建筑同样采用了这种建筑方式。

---

① 王其亨：《清代陵寝风水：陵寝建筑设计原理及艺术成就钩沉》。

又如，明代的皇宫建有三大殿。其中，大朝会时，皇帝会在三大殿中的奉天殿（嘉靖时更名为皇极殿，清代改称太和殿）接受群臣朝拜行礼。奉天殿，在古代俗称金銮殿，建筑规格很高。其建筑规模，在明朝时是面阔九间、进深五间，象征皇帝"九五之尊"的地位；殿顶则是重檐庑殿顶的最高殿顶形制；殿的下面承以三层汉白玉石栏杆围绕的台基，古代称为"三台"。而永乐皇帝的明长陵，陵内的主要殿宇——祾恩殿，也完全是这种建筑形制。正因如此，清朝的乾隆皇帝在他的御制诗《哀明陵三十韵》中对长陵祾恩殿有"祾恩（殿名）制肖皇极（殿名）建"的描述。而且，明朝每年的"三大祭、四小祭"或"四大祭、三小祭"的祭祀仪式，也都是在各陵的祾恩殿里举行的。当然，此后各陵祾恩殿，规模不及长陵，采用了五、七阳数的开间数，这应是宗法礼制尊卑关系的体现。

明代皇宫奉天殿前设有奉天门（嘉靖时改称皇极门，清朝改称太和门）作为殿门。因此，明朝各陵祾恩殿前也与之对应地设有祾恩门作为殿门。

明朝的皇宫，分为外朝和内廷两大部分。外朝在前，以处理政务为主；内廷在后，以帝、后、妃嫔生活居住为主。

其中，明代的皇宫内廷建筑，中路建有乾清宫（皇帝的居住宫殿）、交泰殿（相当于乾清宫和坤宁宫之间的穿堂建筑）、坤宁宫（皇后居住的宫殿）；中路之东有东六宫，中路之西有西六宫，都是妃嫔的居住宫殿。

而明代所建12陵的地下宫殿，即安葬皇帝、皇后的墓室，明代称为"玄寝"，是建在祾恩殿后面的宝山城之中，并且其建筑布局是模拟皇宫内廷的建筑的。以20世纪50年代发掘成功的万历皇帝朱翊钧的定陵为例，其地下宫殿由条石发券的巨大的前、中、后、左、右五座大殿组成。其中，前、中、后三座大殿尊居中路，中殿设有皇帝、皇后的神座、长明灯、琉璃五供等陈设，后殿停放皇帝、皇后的棺椁、随葬器物箱等。左右配殿对称地分布在中殿两侧，有甬道相通。殿内虽然没有停放妃嫔棺椁，但设有棺床，表明其初意是为妃嫔而设置的。

当然，这种按照皇帝生前居住的宫殿设计陵寝建筑的做法，不可能一丝不差地原样照搬，但模拟宫廷建筑进行陵寝建筑设计的意向还是非常明确的。也就是说，明十三陵的地上、地下建筑，就是皇帝、皇后在另一世界的"紫禁城"建筑。

其实不仅是建筑布局，明十三陵与明代皇宫在建筑的营造法式、工程做法上，同样如出一辙。

例如，长陵的祾恩殿是永乐时期所建，至今大木结构未有改动之处。从殿宇的梁架结构来看，虽然柱侧脚的做法仍沿用宋式做法，但柱升起的做法已不再采用。而以檩、垫、枋的形式代替攀间斗拱，斗拱排列相对丛密等特点，显然就是明代宫廷建筑的做法。这一点，从明代所建太庙大殿也能看到相同的做法。

明十三陵的营建，花费了大量的人力、物力和财力，凝聚了无数古代劳动人民的聪明智慧。例如，在裕陵的营建中，就有石工出身的陆祥和木工出身的蒯祥这样的杰出的工程技术人员作为工部官员参与。文献记载，陆祥能在方寸大小的石料上，精细地雕刻出鱼、龙、水草；蒯祥能主持大的营造工程，他能双手画龙，合在一起分毫不差，直到80多岁了，还在主持工程，被明宪宗称为"蒯鲁班"。嘉靖时的工部尚书毛伯温，为解决修陵运石的困难，创制了八轮大车，车身前后联络，能随地势高低起伏，解决了大块石料运输难的问题。

明十三陵唯一进行了考古发掘的是明神宗的定陵。陵内出土了数千件珍贵文物。其中大量的丝织品和宫廷实用器物，体现出了明代高超的工艺制造水平。

以丝织文物为例，定陵出土多达600件。其中包括帝后的被褥、袍服衣物、成卷的匹料等。种类则囊括绫、罗、绸、缎、绢、妆花、刺绣、缂丝、织金、锦、改机等各种古代织造工艺。其中，最引人注目的当数万历皇帝的龙袍、衮服，皇后的女夹衣以及龙袍袍料。这些衣物和袍料，不仅工艺复杂，织造精美，而且使用了大量的金线、孔雀羽线以及不同颜色的色绒，从而显得金彩辉映，极其华美。那些采用"织成"工艺织好的袍料，则只要按照各部位边缘依样剪裁，即可缝制成衣，避免了珍贵材料的浪费。

定陵出土的帝后冠、带、首饰以及一些宫廷内使用的金银器物，不仅设计精巧，还镶嵌有大量的珍珠、宝石，甚至使用了名贵罕见的猫眼石、祖母绿宝石，珠光宝气，尽显帝后的高贵身份。其中，金加工的工艺则大量地采用传统的花丝镶嵌和錾刻工艺，装饰效果更是不同凡响。

总之，明十三陵的历史文化极为丰富，它就像一个储备了大量明史知识的万花筒，折射出了明朝的政治、经济、文化、科学、艺术等方方面面的历史信息。它是大明王朝发展变化的一个缩影，也是多姿多彩的大明文化的一个最宝贵的结晶。

目前，在全中国甚至世界上都形成了一股明文化热的洪流，人们对明文化越来越关注，研究得也越来越深入，出现了许多前人没有取得的学术研究成果。特别是北京市文物局、北京市广播电视局、中共北京市昌平区委员会、北京市昌平区人民政府于2022年和2023年连续两年在明十三陵管理中心举办的"明文化论坛"，形成了影响广泛的明文化氛围。相信随着"明文化论坛"的不断举办，这一传承明朝优秀历史文化、承载明朝历史文明的世界文化遗产——明十三陵的影响范围也会因此走向全中国，进而走向全世界！

本书的十五章内容，是笔者在 2023 年 5 月中央广播电视总台科教频道（CCTV-10）播出的《百家讲坛》栏目《探秘明十三陵》讲稿基础上整理增益而成的。笔者自 1981 年开始有幸从事明十三陵的文物保护和历史研究工作，因此得以对明十三陵历史文化进行挖掘整理。但笔者学识有限，书中的内容，只是抛砖引玉，供大家参考。其中不妥之处，欢迎读者批评指正，不吝赐教。

探秘明十三陵

0·1·明人绘《出警图》中的天寿山陵区

引言

第一章

门户秘闻

提起明十三陵，大家并不陌生。因为它是世界上非常著名的名胜古迹，是世界文化遗产"明清皇家陵寝"的重要组成部分，也是中外游人都非常向往的旅游胜地。

明十三陵之所以受到人们的瞩目和青睐，是因为明朝的 16 位皇帝中，有 13 位皇帝都安葬在这里，形成了规模宏大的陵寝建筑群。在这里，人们不仅可以看到国内罕见的珍贵楠木大殿，也能看到充满神秘色彩的地下宫殿，还能看到定陵出土的数量众多的璀璨的文物珍宝。在这里，一座座气势恢宏的皇陵建筑，背山面水，在苍松翠柏的掩映下，显得格外宏伟壮观。它们见证着明文化的辉煌和灿烂，也见证着明陵数百年来的沧桑历史。

一、为何选址天寿山

我们从明十三陵中的第一座陵——长陵谈起。长陵，位于北京城北约 45 千米的天寿山南麓，是明朝第三位皇帝，明史上赫赫有名的永乐皇帝朱棣和皇后徐氏的陵墓，是明十三陵中营建时间最早、建筑规模最大、陵寝建筑保存最好的陵园。

明长陵建于明永乐七年（1409）。永乐皇帝在位 22 年，为什么要在永乐七年建造陵寝？原来，在这之前，永乐皇帝的皇后徐氏在永乐五年（1407）

七月去世了，所以陵寝的建造就提上了日程。

按照常理，永乐皇帝应该在南京附近营建陵墓。因为当时的京师，也就是国家的都城是南京。南京城外的钟山脚下，还有明太祖朱元璋的孝陵。所以，永乐皇帝将自己的陵墓建在钟山脚下、父亲的陵旁，是符合当时的礼制的。

但是，由于永乐皇帝早有迁都北京的战略构想，北京又是他的"龙兴之地"，所以他并没有下令在南京附近修建自己的陵寝，而是派遣礼部尚书赵羾率领钦天监相关人员，来到了北京附近寻找建陵地点。

历经一年多的时间，他们几乎踏遍了北京周围的山山水水，几经比较，最后选中了天寿山这处地方。永乐皇帝之所以把陵址选在这里，一是因为这里群山环抱，重峦叠嶂，气势雄伟壮观；二是因为这里水流潺湲，聚合有情；三是因为这里水土深厚，植被茂盛，风景旖旎。在古人看来，这样的地理环境，正是帝王所追求的聚气藏风的万年吉壤，因此被永乐皇帝选中，从而建造了自己的陵园。

二、大红门为何建在山口处

长陵的陵寝建筑由陵宫和神道两个部分组成。其中，陵宫是陵墓的主体，帝后的安葬之处；神道则是陵宫的前导部分。

从明十三陵的分布图看得出来，长陵的神道是非常深远的。在长达7.3千米的路途上，由南而北依次建有石牌坊、大红门、长陵神功圣德碑亭、石像生、龙凤门等一系列建筑。

长陵是永乐七年开始营建的，但只是开始建造陵宫建筑。神道上的这些建筑，除了石牌坊是嘉靖年间单独修建的，其余建筑都是明英宗朱祁镇即位后在正统初年才建造完成的。

在长陵神道的这一系列建筑中，大红门是长陵陵寝区域的总门户，石牌坊则是大红门之前的一座具有歌功颂德的标志性建筑。

下面就讲讲陵区门户的这两座建筑。

明十三陵陵区的总门户——大红门，它坐落在陵区的南面龙山和虎山之间的一个高岗地上，因为明朝的时候，无论是皇帝还是大臣们来这里祭陵，都要从这里经过，所以被称为陵区的门户。

人们或许要问：长陵不是在天寿山脚下吗，怎么把陵区的大门设在这里？其实，陵区的大门设在这里是跟长陵的地理环境有关系的。原来，长陵并不是只有后面有山，而是一个四面群山环抱的地理环境，所以，当地人称这里为"陵圈儿"，也就相当于长陵之外还有一个由山脉围成的大院。这个大院，从周围山脊算起，面积约80平方千米。明十三座皇陵都在这个范围之内。有院落，自然应该有院门。因为这些山脉虽然看起来连绵不断，但山和山之间还是有断开的地方，这断开的地方，人们称为山口。而大红门所在的地方就是一个山口，这个山口东面的山叫"龙山"，西面的山叫"卧虎山"，就像两个威武的把门将军，景观非常壮美，所以陵区的门户——大红门就设在了这里。

那么，大红门是一座怎样的建筑呢？

这是一座单檐庑殿顶的建筑。所谓庑殿顶，就是建筑的顶部呈"四大坡"的样式，古时候人们也称其为"四阿顶"，是皇家建筑中等级最高的一种屋顶形式。再加上大红门修建在高岗地上，所以，更加显示了皇家陵寝建筑的崇高地位。

因为是皇陵建筑，所以用的是黄色琉璃瓦顶和红色墙壁的形式。因此文献称其为"大红门"或"红门"，又由于它是宫门的形制，民间也俗称它为"大宫门"。

那么，皇家的建筑为什么都是红墙黄瓦的建筑形式呢？

这是因为古代有五行、五方、五色之说。所谓"五行",指的是金、木、水、火、土五种基本的物质;"五方",指的是东、南、西、北、中五个方位;五色,则指的是白、黑、红、青、黄五种颜色。

这种说法,来自上古时期的"龙马负图"传说。相传,伏羲时,黄河中有个龙马踏波而出,背上驮着一张图。图上画着55个星点,其中,北面的星点由一个星点和六个星点组合在一起;南面的星点由两个星点和七个星点组合;东面的星点由三个星点和八个星点组成;西面的星点由四个星点和九个星点组成;中央的星点由五个星点和十个星点组成。于是,人们便根据这个传说,推演出了五行、五方、五色的说法。其中,一、六在北为水,其色黑;二、七在南为火,其色朱(红);三、八在东为木,其色青;四、九在西为金,其色白;五十在中为土,其色黄。

由于古代的皇宫都是处在全国的中心地带,天子居中,治理四方,中方五行为"土",为黄色,所以黄色被认为是天子之色,因此,皇帝的宫殿、陵寝都使用黄色的琉璃瓦,甚至皇帝的龙袍也是黄色的。古人认为,古代的圣帝明王都是"南面而听天下,向明而治"[1]。南方五行为火,其色赤,即红色,象征着光明,所以,皇宫、陵寝也是以坐北向南为尊,皇家建筑的墙壁、殿柱也多采用象征南方的红色来装饰。

这座大红门下面开有中门、左门、右门三个红券门。大红门的两侧,明朝时曾设有红墙随岗地的坡度分三次递减高度,并通过红墙与东面龙山和西面卧虎山连成一体。红墙之下又设有左右掖门可出入陵区。所以,这处陵区的门户,实际上共开有五道门。

那么,这五道门的功用又是什么呢?

按照当时礼制,中间的门洞,是已故的皇帝皇后的棺椁才可以走的,

---

[1] 《周易·说卦传》。

体现了古代"死者为大"和"居中而尊"的礼制观念；东面的红券门，是活着的皇帝拜谒已故帝后陵寝时走的，因为站在大红门面对前方，也就是南方时，东门在左边，所以地位上仅次于中门的地位，体现了古代"尚左"的礼制观念；西面的红券门，因为是在右面，地位又低于东门，所以是大臣们奉命谒陵时进入陵区所经之门。而两旁的掖门是谒陵官员回去时要走的门，同时也是其他人员进出陵区所走的门。

但是，即便在明朝时，依然有人对这样的礼制并不清楚。例如，《明孝宗实录》卷一〇四就记载了这样一件事。

弘治八年（1495）九月十二日，南京守备司礼监太监陈祖生上奏说：魏国公徐俌每次奉命去孝陵祭祀，都经过孝陵的门户大金门（相当于明十三陵的大红门）、孝陵陵门以及孝陵殿门的西门，最后进到孝陵殿里行礼，属于违反礼制，应该责令他改正。因为在他看来，大金门、陵门以及殿门的西门，应该是皇帝才能走的，大臣是不可以走的。徐俌随后上章为自己辩解说：我的做法并没有违反礼制。我从大金门西侧的红券门，和陵殿的西门进入殿内行礼，是表示对祖宗陵寝祭祀的敬重，也是表示对皇帝之命的尊重。但我出来时都是从旁边的小门出来的，这是为了遵守臣下的本分。这样的礼制已经奉行了几百年，我怎么敢轻易改动呢？

孝宗朱祐樘下令礼部讨论这事。礼部说，徐俌的做法没有错误。因为天寿山长陵以及太庙遣官祭祀，所走的门也是这样，与孝陵大体相同，应该让徐俌继续按照过去的做法去殿内行礼。礼部的意见是对的，因为按照礼制，皇帝应该走的是东门，大臣走西门是不违反礼制的。孝宗觉得有道理，同意了礼部的意见。

在古代，陵区被视为神圣的禁地，而大红门又是陵区的门户，所以在明朝时，大红门还有一些非常特殊的管理制度。

第一，任何人来到大红门前，都要百步外下马步入陵区。

《大明会典》卷九〇《礼部·陵坟等祀》"陵寝"条规定："凡陵寝禁例，洪武二十六年令：车马过陵者，及守陵官民入陵者，百步外下马。违者以大不敬论。"也就是说，在有关陵寝禁区的律例中，早在明太祖洪武二十六年（1393）就下过命令：凡是坐着车或骑着马经过陵前，或者守陵官民进入陵区，都要在百步之外下马。违反这条规定的，要按"大不敬"的罪名论处。

那么，"大不敬"是属于哪种罪名呢？

"大不敬"，是我国古代十恶罪之一。《大明会典》卷一六〇《刑部二·律例一》所列"十恶"[①]中的第六条就是"大不敬"。指的是，盗大祀神御之物、乘舆、服御物。也就是偷盗祭天地、祭太庙时，为祭祀而准备的各种供器以及轿子、衣冠等物。凡犯"大不敬"罪者都要处斩。

《明太宗实录》卷八七记载了这样一件事：永乐七年（1409）正月，山东道有一位叫何晟的监察御史，在过凤阳时，陪祀朱元璋父亲的陵墓——皇陵，但他不遵守礼制，直接行走在皇陵御道上，到了寝殿里还在玩耍。结果被刑部弹劾，最后被定为"大不敬"罪处死。

大红门前面左右两侧不远的地方，至今还矗立着明代所立的"下马碑"。碑的正反两面都刻有"官员人等至此下马"八个大字，就是为警示官员到这里一定要下马步行进入陵区。

第二，为了显示帝陵祭祀礼仪的重要，明代中期以后，每遇陵园祭祀，还有昌平镇守总兵官身着戎服，率兵12000人在大红门前跪迎神帛、祭物及谒陵官员。大红门的东面设有两面直径约五尺的大锣，敲击时，声震山谷。

第三，任何人不得随意从大红门进入。按照《大明律》卷一三《兵

[①] 《大明会典》卷一六〇《刑部二·律例》所记载的"十恶"，一为"谋反"，二为"谋大逆"，三为"谋叛"，四为"恶逆"，五为"不道"，六为"大不敬"，七为"不孝"，八为"不睦"，九为"不义"，十为"内乱"。

律·宫卫》的规定，凡是擅自进入大红门的，都要处以杖刑一百，这是杖刑里最高的处罚。即使没有迈过门槛，也要处以杖刑九十。守卫官故意纵容的，与犯人同罪。失察觉的，要被处以杖刑七十。陵寝禁地管理之严在这里可见一斑。

三、石牌坊的形制和特点

由于大红门现在就处在人们进出明十三陵的路口处，大红门前的东侧还立有世界遗产和全国重点文物保护单位的保护标志，人们往往以为这是明十三陵长陵神道的第一座建筑。其实，在大红门南面约1.25千米还有一座嘉靖年间增建的石牌坊。

这座高大的石牌坊建于明嘉靖十九年（1540），是明朝第十一位皇帝明世宗嘉靖皇帝朱厚熜为颂扬永乐皇帝的丰功伟绩而建造的大型石结构功德牌坊。这才是陵区的第一座建筑。

这座牌坊有三大特点。

第一，建筑体量大、等级高，用材考究，是我国最早出现的大型功德性石牌坊。这座牌坊通阔28.86米，从正脊顶部至地面高约12米，形制为五门六柱十一楼。

所谓"五门"，是指这座牌坊由五间组成，因此有五个门洞；所谓"六柱"，是指牌坊共有六根高大的石柱；所谓"十一楼"，是指牌坊的顶部共有十一个门楼式的屋顶。

这种牌坊，因为上面有门楼式的屋顶，所以也称为"牌楼"。牌楼这种建筑形式历史非常悠久。据说它起源于古代街巷间所设的衡门或坊门，从最简单的一间两柱加一横木的结构形式，逐步复杂化，到了宋代形成了成熟的牌楼的形式。

但是，明朝以前的牌楼大多采用木结构或砖木结构。这种全部采用石料建造，而且体量如此之大的石牌楼，在中国古代建筑史上还是第一例。可以说，天寿山陵区前的这座大石牌楼，在中国古代建筑史上是个创举。

第二，这座牌楼的建筑外观形制，完全是仿照木结构牌楼样式的。不仅整体造型舒展大方、威严庄重，而且每个构件都雕刻得惟妙惟肖，特别逼真。牌坊的雕刻纹饰也非常精美，特别是六根石柱的下部的夹柱石，四面雕刻的云龙纹和双狮滚绣球图案，栩栩如生，非常生动。

明朝时，这座牌坊还仿照木结构的牌楼，各部位都饰有油漆彩画，看上去就像一座装饰精美的木结构牌坊。明朝万历时期有一位宫廷画家画了一幅《出警图》的长卷，画的是万历皇帝朱翊钧到天寿山拜谒祖先陵寝的场面。画面上的石牌坊红柱、黄瓦、青绿色的斗拱、阑额，色泽鲜艳，非常精美。当然，随着岁月的流逝，历经数百年的风剥雨蚀后，现在石牌坊上的彩画早已脱落，但在牌坊的凹陷之处还可以看到当年彩画的痕迹。

第三，牌坊取景巧妙，具有园林艺术的"借景"之美。

这座石牌坊和大红门一样，取景都非常巧妙。如果站在中门门洞前，从中间门洞向北眺望，则在视觉上天寿山主峰正好处在门洞内正中位置，形成了非常优美的框景。这种将天寿山远景巧妙地纳入门洞景框之内的取景方式，在古代造园艺术称为"借景"，是古代园林设计中的精华。这种手法，运用到陵寝建筑中，同样取得了很好的艺术效果。当人们从牌坊或大红门的门洞看到天寿山的远景时，自然会想到永乐皇帝就葬在这座山前，陵寝的纪念气氛因此被有力地烘托出来。

四、嘉靖皇帝为何为永乐皇帝建造石牌坊

然而，人们在惊叹这座石牌坊的建筑艺术成就之后，也会问出这样的

问题：石牌坊作为长陵神道上的第一座建筑，为什么正统初年建造长陵神道石像生、碑亭等建筑时没有建造？

当时之所以没有建造这座石牌坊，应当是因为长陵神道当初的规划中，并没有这座石牌坊。因为明长陵的陵寝制度沿用的是明太祖朱元璋的孝陵制度。但是，孝陵神道前并没有这样的大型功德性石牌坊。虽然，孝陵陵区门户大金门之前也有一座两柱一门的小型石牌坊，但那座牌坊叫"下马坊"，上面刻有"诸司官员下马"六字，其功用相当于明十三陵大红门前左右两侧的下马碑。

况且，如果长陵神道当初有这座石牌坊的规划，那么正统初年在建造长陵神道建筑时肯定会一并建造这座石牌坊，因为规模那么大的石像生群和石碑等石雕物都完成了，怎么会剩下这座石牌坊搁置不建呢！

那么，为什么到嘉靖十九年，嘉靖皇帝却建造了这座石牌坊呢？

难道是为了让陵区景观"壮美"？

清初学者梁份在《帝陵图说》中，就曾经对这一问题进行探讨。在他看来，石牌坊的建造，不是为了陵区景观的壮美，而是因为陵区最前面有两山"欲连未连"，把石牌坊建在这两山之间，便使两山在意向上连接起来。

但是，梁份只是说清楚了石牌坊的选址在两山之间的原因，并没有讲清楚嘉靖皇帝为什么要在陵区之前增建这座石牌坊。

其实，嘉靖皇帝增建这座牌坊的原因，应该与嘉靖皇帝在嘉靖十七年（1538）九月将永乐皇帝的庙号由"太宗"升格为"成祖"有关。《明世宗实录》卷二一六记载，在嘉靖十七年九月初一那天，嘉靖皇帝对礼部大臣说：我们国家能够兴起，是从太祖高皇帝开始的；但是，中间平定艰难的，则是我们的皇祖太宗文皇帝。也就是永乐皇帝！当然这里指的是"靖难之役"。两位圣主一同创造了伟大业绩，应该一并都称"祖号"，于是，下诏将永乐皇帝的庙号由"太宗"升格为"成祖"。

因为永乐皇帝庙号升级了，嘉靖皇帝为了进一步在陵寝建筑中彰显永乐皇帝功德，于是，在大红门的南面增建了这座功德性质的牌坊。

那么，永乐皇帝之后，历经仁宗、宣宗、英宗、景泰帝、宪宗、孝宗、武宗七位皇帝。为什么偏偏到了嘉靖皇帝时将永乐皇帝的庙号升为成祖呢？

其实，这与嘉靖皇帝的特殊身世有关。

嘉靖皇帝不是皇子出身，而是兴王世子出身，他的父亲是兴献王朱祐杬。按理说他的这种身世，是当不上皇帝的。但是，由于他的前任皇帝武宗朱厚照没有子嗣，也没有亲兄弟，作为武宗的近支堂弟，嘉靖皇帝便在大臣们的建议和武宗母亲张老太后的同意下，按"兄终弟及"的祖训，当上了皇帝。

但是他的这种特殊身世，使他刚刚踏上皇帝之路，就陷入了一场旷日持久的"大礼议"之争中。而这场争论的核心议题之一，就是嘉靖皇帝该不该将自己的父亲追尊为皇帝，即应该以孝宗朱祐樘为皇考，还是以自己的亲生父亲朱祐杬为皇考。

当时，以内阁首辅大学士杨廷和为首的众多官员，认为嘉靖皇帝既然是按照"兄终弟及"的祖训继承了武宗的皇位，朱元璋所定的《皇明祖训》中的"兄终弟及"应该指的同产兄弟，也就是同一个父亲的兄弟。嘉靖皇帝与武宗皇帝是堂兄弟，所以，嘉靖皇帝应该以孝宗子嗣的身份，称孝宗为皇考，改称自己的父亲为皇叔父兴献王。

但是，嘉靖皇帝不这么看，他认为武宗遗诏是让他来继承皇位的，没说让他当皇子。所以嘉靖皇帝不但拒不接受大臣们的意见，而且还觉得应该追尊称自己父亲兴献王为皇帝，母亲蒋氏为皇太后。

在此期间，双方斗争你来我往，互有进退，但毕竟嘉靖皇帝威柄在握，最终还是运用皇帝的专制权力，以残酷的刑罚手段解决了君臣之间的冲突，控制了议礼的局面。嘉靖三年（1524）三月，嘉靖皇帝下诏，定自己父亲的兴献王墓为"显陵"。嘉靖七年（1528）七月，嘉靖皇帝为父亲上"恭睿渊仁宽穆纯圣献皇帝"的谥号，母亲也有了"章圣慈仁皇太后"的尊称。

嘉靖皇帝在父亲获得皇帝尊号后，进而还想把自己父亲的神主奉享在太庙中。神主就是供奉祖先的牌位。

在嘉靖皇帝看来，父亲的墓葬由王坟升格为帝陵，并获得皇帝的称号固然重要，但父亲的神主能不能祔享于太庙更为重要。如果父亲的神主不能祔享太庙，则意味着父亲的地位还是不如其他皇帝高，自己这个皇帝当得也不光彩。

但是，入享太庙，按照明朝的礼制，不但要有皇帝的身份，还要有"庙号"，才能在太庙中按照一定的"昭穆"次序排位供奉。当时，几乎所有的大臣都认为，嘉靖皇帝的父亲生前没有当过皇帝，虽然后来获得了"献皇帝"的尊号，但是入享太庙还是不妥的。因为他并没有真正君临天下。为此，君臣之间再次产生了分歧。嘉靖皇帝曾经怒斥礼部官员："皇考称'宗'何为不可？！"[①]意思是说，我的父亲有个称"宗"的庙号，有什么不可以的？！

最后，嘉靖皇帝再次运用皇帝的专制权力，于嘉靖十七年九月，强行确定父亲的庙号为"睿宗"，神主祔享太庙。为了在大臣们的面前，表明自己的这一做法是出自公理而不是夹带私情，遂同时将永乐皇帝的庙号由"太宗"升格为"成祖"，并在大红门前增建了这座石牌坊。

长陵神道石牌坊的增建，使天寿山陵寝景观更为壮美，纪念气氛更为强烈，因此对后世陵寝制度影响很大。后来的清东陵顺治帝的孝陵和清西陵雍正帝的泰陵，都仿照天寿山明陵的做法，在陵区的前方修建有石牌坊。其中，雍正帝的泰陵甚至建有三座石牌坊，按"品"字布局方式装点在陵前，将古代墓葬前建造石结构牌坊的做法推向了极致。

---

① 《明史·礼制·吉礼·大飨礼》。

探秘明十三陵

1·1·明十三陵分布示意图

1·2·仁孝文皇后徐氏画像

1·3·明成祖朱棣画像

1·4·大红门

1·5·大红门前石刻下马牌　　1·6·河图星点分布图

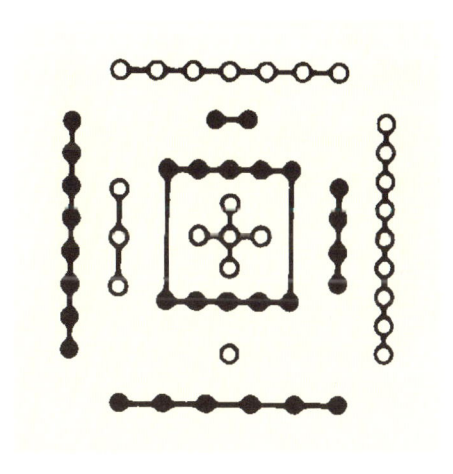

第一章　门户秘闻

探秘明十三陵

1·7·石牌坊

1·8·石牌坊夹柱石升龙图案　　1·9·石牌坊雀替

1·10·《出警图》中的石牌坊和大红门

1·11·清西陵雍正泰陵三座石牌坊（徐广源供图）

第二章

神道威仪

明英宗天顺三年，也就是公元1459年，发生了这么一件事。清明节的时候，武安侯郑宏奉朝廷之命祭祀长、献、景三陵。这郑宏也不知怎的那么狂妄，他不仅带着鹰犬沿途纵猎，竟然还在祭陵回来的路上，在长陵神道上骑马飞奔。结果，就被锦衣卫校尉举报，紧接着，六科给事中和十三道监察御史接连上章对他弹劾。三法司、锦衣卫将他抓起来审讯，审判结果是"其罪坐绞"[①]，也就是要绞死他。对郑宏的处罚为何如此之重？最终他是否伏法了？这一章的内容就来解答这些疑问。

　　在上一章，已经介绍了长陵神道的两大建筑——石牌坊与大红门，今天，我们继续看长陵神道中最核心，也是最精彩的部分，也就是长陵神功圣德碑亭、石像生、棂星门等一系列建筑。这些建筑，尽管建筑的种类不同，但设置它们的目的是一致的，这就是尊崇皇权，使长陵的陵寝笼罩在至高无上的神圣的光环之中。

　　下面就从三个切入点展开，为大家分别进行剖析。

一、穹碑纪圣绩

　　第一，长陵神道为什么要建神功圣德碑亭？

[①] 《明英宗实录》卷三〇〇。

进了大红门，再往北走，迎面第一座建筑就是长陵的神功圣德碑亭。

这座碑亭作为记述永乐皇帝功德的建筑，本应该在永乐皇帝去世后，由嗣皇帝仁宗朱高炽营建，如果说仁宗在位时间短，没来得及做这件事，那么，宣宗作为永乐皇帝的孙子，也应该做。但是由于明朝的仁宣时期正处在经济恢复时期，所以仁宗虽然写好了碑文，长陵的这座碑亭却直到永乐皇帝的曾孙英宗朱祁镇的正统初年才建造。

碑亭的建筑形制是重檐歇山顶，是在建筑等级上仅次于庑殿顶的一种屋顶形式。碑亭四壁各有券门。一进大红门，人们就看到了这座高大的长陵神功圣德碑亭，长陵神道的威仪也因此立刻展现在人们的面前。

碑亭里面立有长陵神功圣德碑。石碑非常高大，用白石雕刻而成，从碑顶到地面高8.1米。自上而下由碑首、碑身、碑趺三部分和土衬石组成。

碑首，是碑的最上部位，雕刻的是六条高浮雕的首尾交盘、头部下垂的龙。其中部有篆额，刻"大明长陵神功圣德碑"九个篆字。

碑身在碑首之下，与碑首为一完整石构件。碑身正面，也就是南面刻的是明仁宗朱高炽为其父明成祖朱棣撰写的《长陵神功圣德碑》碑文，文长3000余字，颂扬了永乐皇帝一生的丰功伟绩，文中有"文谟武烈，超汉轶唐"的评价。意思是，永乐皇帝一生的文治武功，超过了强盛的汉朝和唐朝。碑文中，还赞颂了皇后徐氏"协赞治平"的功德，并且记录了永乐皇帝的子孙情况。文后有"洪熙元年四月十七日孝子嗣皇帝高炽谨述"字样。

碑文的书法，出自正统年间著名书法家翰林侍书程南云之手。程南云，江西南城人，曾因擅长书法而参与《永乐大典》的撰写。他博览群书，学识渊博，篆书、隶书、行书，各种书体都精通，当时，每天都有四面八方的人向他求字。明宣宗朱瞻基特别喜爱他的书法。他所写的这通碑文，结构严谨，笔力遒健，确实是一幅非常好的书法作品。

碑趺，也就是碑座，雕刻的是一个仰首远眺的石龟。石龟的下面是方形的石台，称为"土衬石"，上面刻着水波旋流。

明朝时这座石碑只有正面刻有文字，其余三面都没有字。到了清代乾隆年间和嘉庆年间，才先后在其余三面添刻文字。

那么，明朝的陵碑，清朝皇帝为什么要在上面刻文字呢？

原来，清朝在乾隆五十年（1785）至五十二年（1787），曾经对明十三陵进行过一次较大规模的修缮，这些碑文正是写的这件事。

石碑的背面刻的是清高宗乾隆五十年亲笔书写的御制诗，诗的题目是《哀明陵三十韵》；碑身东侧刻乾隆五十二年乾隆皇帝的御制诗；碑的西侧刻清仁宗嘉庆九年（1804）御制文。

长陵神功圣德碑亭前后还各立有一对高大的白石华表。这四座华表非常高大，高达10.81米，因此在明朝文献《大明会典》中还被称为"擎天柱"。意思是，这四根华表柱堪称是"顶天立地"，能把天托起来。华表的雕刻非常精美：柱身雕云龙，上穿云形石板，顶雕昂首嘶鸣的"蹲龙"，造型精巧华丽，显示出永乐皇帝陵寝的崇高地位。

据考证，这种石雕物的起源可以追溯到传说中的唐尧时代。据说，唐尧时期，曾于交通要道设置"诽谤之木"，人们可以在上面写谏言，以供王者采纳。而这种"诽谤之木"恰恰是长陵石华表造型的雏形。其中，华表石柱相当于竖立的木柱，上部穿插的石刻云板则相当于交于柱头上的横木，只不过其雕饰更加复杂化而已。

长陵神功圣德碑亭前后这两对石华表非常亮眼，特别引人注目，是长陵的首创，是明孝陵乃至以前历代陵墓都没有的。当然，也是明十三陵其他陵都没有的。由于石华表不仅精美壮观，而且在显示帝陵神道威仪方面效果显著，是个成功的创意，所以在后来的清东陵、清西陵中，从顺治皇帝的孝陵到嘉庆皇帝的昌陵，五座皇陵都仿照明长陵建有石华表。

长陵神功圣德碑亭再往北是一对雕刻云龙纹饰的石望柱。石柱高7.16

米，造型敦实。柱身遍雕云纹，顶部雕云龙纹饰柱帽，基座为须弥座形，这是传统建筑比较常用的一种造型。关于石望柱的缘起，古人说："墓前开道，建石柱以为标，谓之神道。"[①] 意思是，墓前开辟道路，修建石柱作为标志物，因此称之为"神道"。说明这对石望柱和华表一样，都是神道的标志性建筑物。

二、石像壮威仪

第二，长陵神道为什么要设置如此多的石像生？其意义何在？

石望柱的北面，是排列长达750余米的石兽和石人。这些石兽、石人，一共有18对、36尊。这些石兽和石人，在明代官方文献《大明会典》中，统称为"石像生"。

那么，古人为什么要在神道设置石像生？其用意应当有两点：

一是展示皇帝一国之君的地位，所以有象征文武百官的石刻官员雕像；

二是增强陵寝的威严气势，所以有各种象征祥瑞的神兽和大型动物雕像，作为陵园"阴间"的警卫力量。

石像生的排列，是石兽在南，石人在北。下面就从南到北也就是从前往后按顺序进行介绍。

石兽，共有6种，每种各为两对，一共24尊。由南而北依次为狮、獬豸、骆驼、象、麒麟、马。雕像姿势都是南面一对或坐或卧，北面一对站立。其中，石象和石骆驼最为高大，特别是石象中的立像身高达3.25米，其余4种石兽身高也在2米左右。总体看起来，确实有一种威风凛凛的感觉。

我们首先来看排在最前面的石狮子。狮子，是非洲和亚洲西部以及南亚等地方草原上的猛兽，本来不是中国的动物。因为在佛教中，文殊菩萨

---

① （宋）高承：《事物纪原》。

的坐骑是狮子，所以东汉时，随着佛教的传入，狮子逐步成为被赋予某种神力的威猛灵兽。中国墓葬前及宫室、衙署前的石狮子模仿的都不是真正狮子形象，而是加入了中国神兽文化元素的中国式石狮子。长陵神道这两对石狮子，颈项部都雕刻有带饰、铃铛和缨绒饰物。陵前放置它，显然具有威猛震慑的作用。

接下来是石獬豸。獬豸是古传说中善于分辨正邪的神兽，四条腿，头上长着一个独角。在古代传说中，它是一种神羊，有的说它像鹿，但都说它头上生有一个独角，生性忠良、能辨曲直。只有在君王刑罚公正时才会出现在朝廷。上古时期，有位大法官名叫皋陶，是尧舜时期的人，他遇到难以判断对错的案情时，就会让獬豸出来，獬豸一看就知道谁对谁错，就会用独角去顶撞理屈的人。在古代文献中，獬豸又记作"解廌"，或简称"廌"。由于它是正义的象征，古代篆书的"法"字写作"灋"，里面就包含了"廌"字。正是因为獬豸能分辨是非曲直，所以汉代执法官员的帽子称为"獬豸冠"。明朝时，都察院作为执法衙门，御史平时穿的"常服"，其前胸后背的"补子"也是獬豸图案。神道设石獬豸，始自明孝陵，长陵神道继续沿用。其显然具有除恶扬善之意。

石獬豸的北面是石骆驼。其雕塑形象与真实的骆驼相同，身上没有任何雕饰。文献记载，将骆驼列为石像生的内容之一，最早见于东汉灵帝时的太尉乔玄墓。但为帝陵所用，则始自明孝陵。长陵则继续沿用。

再后面是石象。其形象仿自真实的大象。象是南方热带的大型动物。文献记载，早在东汉时期，光武帝刘秀的原陵神道上，就已陈设石象。因为它有象征祥瑞之义，可寓意"太平有象""万象更新"，所以，后世帝王多有采用。明孝陵神道有石象之设，长陵继续沿用。

再往北，就是石麒麟。麒麟，是传说中的仁兽。古文献记载，帝王行仁政，不滥杀无辜，麒麟就会出现在原野上。古人还把它视为祥瑞之兽，认为如果麒麟出现，一定是圣人在位，天下文明之时。麒麟作为帝陵神道上的墓仪之物，在南北朝的南朝陵寝中已经出现。明太祖朱元璋父母的明皇陵、三代祖考的明祖陵和他本人的明孝陵神道均设置有石麒麟。因此，长陵也有设置。陵前放置麒麟，有标榜仁政之意。

接下来，麒麟的北面是石马。石马都是光身形象，没有鞍鞯辔头的雕饰。马作为神道石像生的种类，早在西汉霍去病的墓前就已经出现。东汉以来无论是帝王还是大臣的墓葬神道几乎都有马的雕像。这是因为，马是古代的坐骑，无论君臣出行或打仗都离不开。例如，永乐皇帝发动"靖难之役"，他骑的战马，在明朝时曾被绘制成"八骏图"和"四骏图"。《明神宗实录》卷五十记载，万历四年（1576）五月的一天，万历皇帝曾经拿出一幅成祖文皇帝的《四骏图》，让首辅大学士张居正题诗。画中的四匹骏马分别是龙驹、黄马、枣骝和赤兔，都是在军队打仗时，被流矢射中，拔箭后继续战斗，并且打了胜仗的。可见马在古代的重要作用。

石兽的北面排列的是石人像。石人像，古时又称"石翁仲"。相传秦朝有位大将，名叫阮翁仲，曾驻守临洮（今甘肃岷山县），防范匈奴有功，死后，秦始皇为纪念他，在咸阳宫的司马门外给他铸了铜像。后来，人们便将铜像、石像统称为"翁仲"。

长陵石像生的石人，共有三种，共12尊，均作立像，高度均为3.2米。

南面的四尊石人像，是将军像。但是，这种将军的形象其实并不是驰骋疆场、统兵打仗的将军形象，而是皇帝侍卫，也就是警卫人员，在明代称为锦衣卫大汉将军。雕像的样式，为头戴凤翅盔，身着铠甲。其中，前面的两尊，怒目虬须，左手握剑柄，右手执短柄金瓜。

金瓜其实就是表面装饰为金色的短柄锤。《明史·李时勉传》记载，明仁宗朱高炽在位时，有位叫李时勉的侍讲学士，他给明仁宗提了一些意见，惹得明仁宗大怒。明仁宗把他带到便殿后，他仍然不屈服。最后，明仁宗下令让身旁武士用金瓜扑打，结果李时勉三根肋骨被打断，奄奄一息，差点儿丧命。后来，他又被投进锦衣卫大狱。此后，明仁宗一直对李时勉的行为耿耿于怀，他在临死前，还对户部尚书夏原吉说："李时勉当庭羞辱我。"说完，仍满脸怒气不消。明宣宗即位后，听说李时勉羞辱过自己的父亲，也很气愤。他命人把李时勉绑来，要亲自审讯。一会儿，又派人去把李时勉绑到西市直接杀了，不想再见他。可巧，后派去的人刚出去，先去的人已经把李时勉绑来。明宣宗一见面，就对李时勉一顿劈头盖脸地训斥："你这个小臣，竟敢对先帝不敬。你的奏疏里都说了些什么？赶快回答！"李时勉赶忙跪下来，对明宣宗说："我是劝先帝在大丧期间不要近妃嫔，皇太子不要远离。"明宣宗一听，李时勉说得并没有错。当时，祖父刚刚去世，按照礼仪，父亲是不应该接近妃嫔、寻欢作乐的。自己作为皇太子，远离父亲，去了南京，万一朝里出了事情怎么办？这时，明宣宗才觉得父亲对李时勉的处理不对，于是，恢复了李时勉的官职。由此可见，这种金瓜是皇帝身旁武士手持的兵器。

后面的两尊将军像，则显得年轻俊秀，佩剑，双手交叉前置，姿势稍有不同。

北面的四尊石人像，雕刻的是身着祭服的一品官员形象。明朝时官员的祭服，是祭祀天地、宗庙和社稷时穿的礼服，由梁冠、上衣、下裳、大带、革带、蔽膝、绶、佩、中单、方心曲领等组成。

其中，梁冠就是官员所戴的帽子。因为冠上有由前往后一道道突起的"梁"而得名。梁冠上的梁数代表着官员的品级。其中，一品为七梁冠，二品为六梁冠，三品为五梁冠，四品为四梁冠，五品为三梁冠，六品、七品为二梁冠，八品、九品为一梁冠。

上衣，是上身穿的青色罗做的黑边宽袖短身袄。

下裳，是下身所穿的样子像长裙的服装，是用赤色罗缝制而成的，也是黑边。

大带，是绢做的腰带。

革带，是系在大带外面的皮革做的腰带，上面根据官员的品级，装饰玉、金、银、乌角等不同质地的带饰。

蔽膝，是悬挂于腰前的长条形状的赤罗做的带子。可以遮盖住两个膝盖之间的部位，应当是起源于古代的遮羞装饰。

绶，悬挂于腰后，可以护住臀部及以下部位。根据官员的品级，用四种、三种或者两种不同颜色的丝线，织成的云凤、云鹤、练鹊等格式花锦，下面再连接青丝网，再用丝绦绾成花结，系上绶环。

佩，即玉佩，由珩、璜、琚、瑀、玉花、冲牙、玉滴等不同的玉件连缀而成。悬挂于腰的左右两侧。

中单，就是套在里面的衬袍，相当于内衣，是白纱做的。

方心曲领，白色的丝织物做成，围在脖颈上。其"方心"部分正好搭在胸前。

此外，脚穿白袜、黑鞋。

这四尊石人像，除了祭服的颜色没法表示，明代祭服中所有外露的部分，都按照祭服的样式精细地雕刻出来了。其头上的梁冠雕刻的是七梁，因此应该是明朝一品官的形象。其姿势作双手持笏的恭立状，与陵寝神道肃穆庄严的气氛非常和谐。

最后四尊石人像，是功臣像。明朝时的功臣分为公、侯、伯三等，是为朝廷立下汗马功劳，有社稷之功的官员。这四尊像也雕作身着祭服的形象，但其冠与品官稍有不同，是梁冠外面罩有"笼巾貂蝉"的形式。

"笼巾"就是罩在梁冠外面的方形帽子，上有毛笔状圆形装饰物，名为"立笔"，它起源于古代的"簪笔"礼制。古时候，皇帝的内侍或随驾官员，为了及时记录皇帝的言行，往往将毛笔插在帽子上。官员之间为了表示对别人的尊重，相见时也会戴上插有毛笔的帽子，后来演变成官员帽子上的固定装饰，明朝时只有功臣的笼巾上才有这种装饰，毛笔已经由横插改为竖插，并且弯曲成折，折数越多等级越高。其中，公冠为八梁，立笔五折；侯冠为七梁，立笔四折；伯冠为七梁，立笔二折。

所谓"貂"，原为貂尾，悬挂在笼巾之侧，明朝时改以雉鸡尾代替，插在笼巾的左侧上方；所谓"蝉"，是笼巾前后帽花位置的蝉形饰物。功臣的帽子，之所以用貂、蝉装饰，是因为貂毛有外柔内刚的特性，而蝉身处树梢高处，能清晰洞察周围情况。背后的含义则是要求为官者要达到这样的境界："有文而不自耀，有武而不示人，清虚自牧，识时而动"[1]。通俗地说，就是官员要谦虚谨慎，根据时事变化，不失原则的情况下灵活处事。

这四尊功臣像，头部的冠戴均雕作七梁冠，外罩笼巾，笼巾上的立笔为二折，雉尾和蝉装饰齐全，因此应该是"伯"一级的功臣的形象。

另外，一品官和功臣这两种石人像，手里都雕刻有一个长长的板子。这个板子，名为"笏"。明朝朝会等盛大礼仪时，大臣们都会手持笏板行礼。其中，五品以上官员是象牙笏，六品以下均为槐木笏。汉朝刘熙的《释名》说："笏，忽也。君有教命及所白，则书其上，以备忽忘也。"讲的是官员们见皇帝时，手持笏板，是为了防止将事情遗忘。另外，它的作用还相当于记事本，皇帝有什么指示，或自己想向皇帝汇报什么事情，都可以记在上面，以防疏忽忘记。这当然指的是官员持笏的历史来源。然而，明朝时大臣们所持的笏，基本上只具有礼仪的作用了。

长陵神道的这些石像生所用的石料如此之好、如此之大，是从哪里开采来的？又是怎样运到陵区的呢？

这些石料，包括石碑等，都是明英宗正统元年（1436）至正统三年（1438）

---

[1] （唐）马缟：《中华古今注》卷上。

时，由内官监太监倪忠奉命从北京西面的房山县（今房山区）独树石场督采而来的。在当时技术落后的条件下，这些石料是采用"旱船拽运"的方法运输而来。所谓"旱船"，就是用木料制作的船形运输工具。做成船的样子，是为了适应路面高低不平的路况。运输前先要通垫道路，沿途以井水浇路，乘严冬结冰时，载石于旱船中，然后用人力和畜力拉行到陵区。用这种方法运石，虽因冰面光滑，减小了石块运行中的阻力，但毕竟石料巨大，所用人力物力仍巨大。

三、神道礼为尊

第三，长陵神道上的棂星门，以及神道涉及哪些礼制问题？

石像生的北面是一座造型别致的棂星门（原作"灵星门"）。这是一座三门六柱式的牌坊。六根石柱形如华表，雕刻极为精致。在古人看来，因为天上的灵星垂象是天门，所以这种以"灵星"命名的门便成了天宫的大门——"天门"的象征了，是非常尊贵的建筑形式。又因为皇帝皇后的棺椁都从这里经过，所以人们也称其为"龙凤门"。这也是皇陵神道威仪的表达形式之一。

长陵的神道，除了上述的建筑物，路面铺设也非常讲究。中间部分是道路的主要部分，称为"中道"；两侧为"散水"。正统初年所建长陵神道路面，中道部分铺砖，两侧散水铺砌鹅卵石。嘉靖十五年（1536）四月，改为中间铺石，两侧铺砖，使神道路面更为奢华。

神道的左右两侧在明朝时曾经栽植有松柏树各六行，古代称为"仪树"，是神道必不可少的绿化组成部分。仪树行与行之间则形成两侧类似今天所说的"辅路"性质的道路。在明代的礼制规定中，中间的神道部分，只有帝后棺椁才能在上面行走，其他人无论官职多高，都不可以在上面行走，甚至皇帝也不例外。所以人们在陵区内行走，只能走神道两侧松柏树之间的"辅路"。

回到开头讲到的那个故事。正因为朝廷有严格的礼制规定，所以，天顺时武安侯郑宏奉命祭陵在神道上骑马飞奔，才被判处绞刑。只不过朝廷念及他功臣身份，才赦免了他的死罪。不过死罪虽免，活罪难逃，到底还是把他抓进了大牢，以示惩戒。

通过前面的介绍，可以看出长陵的这条神道特点非常鲜明：

一是"帝陵威仪，处处体现"。长陵神道从石牌坊、大红门，到神功圣德碑亭，再到石像生、棂星门，神道上的所有建筑物、构筑物，都以礼制的形式展示着帝陵神道不同凡响的威仪。

二是"石雕精美，臻于妙境"。长陵神道的建筑物，以石雕作品最为精彩。石华表的高耸壮丽，神功圣德碑的龟座、盘龙，石像生的生动造型和写实的艺术风格，展现着古代艺人臻于妙境的审美构思。特别是石人雕像，完全仿照真实的服饰雕刻，但是比真人又高出许多，让人们可以身临其境地领略明朝皇帝仪仗队伍威严场面。

三是"推陈出新，锦上添花"。长陵神道的建筑制度，是沿用明太祖朱元璋孝陵制度的，但长陵在孝陵制度基础上又有多处创新。例如，以下马碑取代下马坊，在神功圣德碑亭前后各增建一对石华表，石像生中增设功臣像，将石望柱由石兽和石人之间改置石兽之前等。这一系列新的创意，使长陵神道的纪念气氛更为浓烈，也更加宏伟壮观。所有这一切，对长陵神道乃至整个长陵的陵寝建筑而言，都称得上是锦上添花。

更多精彩 扫码观看

2·1·长陵神功圣德碑亭

2·2·长陵神功圣德碑

2·3·华表顶部蹲龙

2·4·长陵神道石望柱

2·5·长陵神道石狮

第二章 神道威仪

49

2·6·长陵神道石獬豸

2·7·长陵神道石骆驼

2·8·长陵神道石象

2·9·长陵神道石麒麟

第二章 神道威仪

2·10·长陵神道石马

2·11·石雕持瓜将军像

2·12·石雕佩剑将军像

2·13·明朝早期身着祭服的官员

2·14·长陵神道石雕一品官像

第二章 神道威仪

2·15·长陵神道石雕功臣像

2·16·长陵神道龙凤门

第二章

山陵巍巍

永乐七年（1409）五月初八这天，声势浩大的长陵营建工程开始了。按照陵寝的施工顺序，首先要建造地下宫殿。但是，建地下宫殿之前，一定要在修建地宫的位置先挖个大深坑，然后将地宫建在深坑里。其中，深坑里安放棺床的中心部位，就是人们常说的"金井"。

　　可是，就在长陵地宫开挖金井就要完成的时候，发生了一件意想不到的大事。

　　清光绪二十七年（1901）重刊的《兴邑衣锦三僚廖氏族谱》中的《均卿公行程实录记》记载，长陵在开挖"金井"的时候，竟然挖出了泉水，而且是"涌泉不止"。这还了得？！将来地下宫殿建成，里面岂不是全被水淹了？！

　　负责施工的官员，向永乐皇帝朱棣报告了这一情况，并且说负责长陵选址的江西风水术士廖均卿，"戏弄朝廷，掘伤地脉"，因此才导致泉水涌出。

　　于是，永乐皇帝责问廖均卿："你说这里是建陵的好地方，怎么会挖出泉水来？"廖均卿故作镇定，对永乐皇帝说，这里的确是建陵的好地方，只要您亲自去一趟，"帝星到时，泉水即止"。

　　随后，永乐皇帝带领廖均卿等人来到了天寿山下。结果，发现金井里的泉水还在咕嘟咕嘟地往出冒。永乐皇帝大怒，对廖均卿说："均卿，你说帝星到时，泉水即止，怎么还这么大？"廖均卿回答说："请皇上容我喝山，我用罗经一照，泉水就会止住。"这里所说的罗经，就是罗盘，是一种中间带有指南针装置，周围刻有五行、八卦等圈层的工具，皇家选择陵地都会用到它。永乐皇帝同意了廖均卿说法，但是，他对廖均卿说："且容你一次。如果泉水不能止住，你就命在悬丝！"

难道，廖均卿真的是个活神仙，对着山大喝几声，用罗经对着泉水一照，就能把泉水止住吗？他的做法会不会失败？他会不会真的"命在悬丝"？

前面两章，我们讲了长陵的神道建筑，这一章为大家讲讲长陵的主体——陵宫建筑。看看长陵的陵宫建筑有哪些特点，它们的历史价值、文化价值体现在哪里，其背后隐藏的秘密是什么。

一、陵寝的自然环境

长陵的第一个特点，是陵园建筑处在一个群山环抱的自然环境中。

中国古代陵寝建筑的设计，最大的特点就是注重景观环境的选择。所以，追求山水自然环境的壮美，注重自然景观与人文景观的巧妙结合，正是长陵鲜明的建筑特色。

长陵的地理环境，既不同于园林造景，以小巧幽曲取胜，也不同于"小桥流水人家"的村舍林泉景致，而是以"山川大聚"的浩然磅礴之气，营造出一种巍巍的山陵气势，用以烘托帝陵的宏大气象。

我们先来看看长陵周边的山势。

长陵陵宫北面是一条东西横亘的山脉，这条山脉原名叫黄土山，也叫十八道岭峰。永乐皇帝营建陵寝，更名为天寿山。

天寿山的特点是山势雄伟，其主峰有中、东、西三座，中峰在三峰中最高，海拔高达759.2米，在视觉上是陵区最高的山峰。山后则重峦叠嶂，千峰后护，与军都山、太行山连成一体。山前的脉络走向，则由北而南，起起伏伏，左旋右转，最后与长陵的宝城也就是地宫外面的城墙连接在一起。

因此，当人们站在陵前，远观北面的景致，会发现，天寿山三座山峰并排耸立在陵园之后，就像一排高大的三扇屏风一样，使陵园有了气势生动、高大壮丽的背景。而天寿山脚下，这座红墙黄瓦的陵寝建筑，也因此被衬托得格外突出和醒目。

而陵东的蟒山、陵西的虎峪山等两面的山脉，也是层层叠叠，环抱周密，但因为距离陵宫稍远，所以视觉上比天寿山要低矮一些，使长陵的山峦景色有了主次之分。

陵宫前面的小山峦，像天寿灵山（今称宝山）以及昌平后山、远处的西山山脉等则像一扇扇秀美的金屏，与陵园隔水相望。如果站在陵园的后山上往南远眺，甚至可以看到北京西山的优美景色。

因此，这一左一右，一前一后，四面的山峦，以陵宫为纵横轴线，形成了美妙的对景。人们在陵园之内的任何一个角度，都能感受到陵园景观的丰富多彩。

再看看长陵周边的水流。陵宫的东北、西北以及西面的山壑间，都有水流屈曲而来，环抱于陵宫左右两侧，在陵宫的西南方汇为一流后，从陵宫前横流而过，最后从陵区东南方向的山口处曲折流出陵区。这种水抱山环、云蒸霞蔚的景观，使宏伟的陵园建筑不仅与青山一体，更与绿水同存。

然而，长陵的陵宫为什么会选在这样的地理环境中呢？

古人是把皇帝陵寝比作天上的紫微星垣的。所以，天上紫微星垣周围的星辰布局是什么样，地上的皇陵周围也应该有什么样的山川分布。这也就是《周易》所说的"在天成象，在地成形"，以及天、地、人相合的"天人合一"的哲学理念。

在中国古代天象学中，由于天上星宿的分布是以紫微星垣为天庭核心，其东方有青龙七宿，西方有白虎七宿，南方有朱雀七宿，北方有玄武七宿，形成二十八宿星官拱卫紫微星垣的格局。另外还有银河横穿星空。所以，长陵便选在了四面环山，前面有河流的地理环境。其中，陵宫对应的是天上的紫微垣；四面的山脉，对应的是天上青龙、白虎、朱雀、玄武四方的二十八宿；陵前的河流，对应的则是银河。

这一切就像一幅宛自天成的古代的天文图卷，产生了非常震撼的视觉冲击。

因此，长陵陵宫选在这样的山水环境中，不是偶然和随意的。它是古代悠久的历史文化的体现。正是这样深厚的历史文化积淀，才创造出了长陵这样的景观奇迹！对于这一点，不仅国内的建筑界是这样看的，国外的一些专家也有相同的认识。

例如，英国的著名科技史专家李约瑟在谈到明十三陵时就曾经称赞说："在门楼上可以欣赏到整个山谷的景色，在有机的平面上审视其庄严的景象，其间所有的建筑都和风景融汇在一起，一种人民的智慧由建筑师和建筑者的技巧很好地表达出来。"[1] 他因此称赞明十三陵是"最伟大的杰作"，还说："它整个图案的内容，也许就是整个建筑部分与风景艺术相结合的最伟大的例子。"

二、殿宇建筑辉煌壮丽

长陵的第二个特点，是殿宇建筑辉煌壮丽。

长陵陵宫中共有五座殿宇式的建筑。其中，以大气磅礴、辉煌壮丽著称的是陵宫里面最主要的殿宇建筑——祾恩殿。这座殿宇建成于永乐十四

---

[1] 〔英〕李约瑟：《中国科学与文明》。引自王其亨《清代陵寝风水：陵寝建筑设计原理及艺术成就钩沉》。

年（1416），原来叫"长陵殿"。嘉靖十七年（1538）时，明世宗朱厚熜才下令改名为"祾恩殿"。其中，"祾"字取"祭而受福"之意，"恩"字取"罔极之恩"之意。总的意思是，已故的皇帝皇后的神灵在这里接受子孙后世的祭拜，后世子孙则在这里缅怀祖先的极大恩德。

从建筑的角度看，这座大殿不同凡响之处，主要体现在三个方面。

其一是规格高端、内涵深厚。

这座大殿坐落在上中下三层台基之上，是中国古代宫廷建筑中台基层数最多的建筑之一，堪比紫禁城中的以太和殿为主的三大殿。这三层台基对应了天上的"三台"星官。《晋书·天文志》说："三台为天阶，太一蹑以上下。"意思是，三台星就是天宫的殿宇台阶，最尊贵的天神太一神，也就是天帝，就是踩着三台星这个天阶上下的。

殿宇的开间，也有深刻的寓意。这座大殿采用的是面阔九间、进深五间的"九五"规制。这种"九五"间数，因为与《易经》所讲的"九五，飞龙在天"相吻合，所以被视为帝王至尊地位的象征。人们因此也称皇位为"九五"之位。

另外，这座大殿的顶部形制采用上下两层屋檐，上层屋面为"四大坡"的重檐庑殿式，也是中国古代宫廷建筑中等级最高的屋顶形式。

其二是用材讲究、无以复加。

这座大殿因为是木结构的殿宇，所以木材的选用特别讲究，都是用上乘的优质建材——香楠木或金丝楠木。

明代的木料种类很多，其中最讲究的是楠木。楠，也称"桢楠"，在现代植物学分类中，属于樟科。其中，香楠和金丝楠又是楠木中的最上乘建筑材料。

明谷应泰《博物要览》卷十"志木"记载，楠有三种：香楠、金丝楠和水楠。其中，香楠木色微紫而带清香之气，纹理也很美观；金丝楠，则木材结晶体明显，所以在光亮之处，特别是阳光下，会有金丝浮现，因而被称为楠木中的"至美"者；水楠因为木质比较软，只能用来做家具。

香楠和金丝楠由于有上述特性，又都有淡雅的幽香，具有耐腐蚀、防虫的优点，被视为楠木中最珍贵、最高级的建筑用材，也因此成为明代宫廷建筑用材的首选。

这座殿梁、柱、枋、檩、鎏金斗拱等大小木构件，用的都是名贵的香楠或金丝楠木制作。其中最粗壮的是支撑殿宇屋顶的60根整材大柱。特别是林立殿内的32根重檐金柱，每根柱子都高达12.58米，底径都在一米上下。其中，明间中间的4根金柱最为粗壮。其东南角的金柱底径达1.124米，两人合抱，不能交手，称得上是世上不可多得的奇材佳木。著名古建专家刘敦桢曾经称赞说，这些林立殿内的楠木大柱，"自根至顶，为香楠一木构成……诚稀有之巨观"[①]。

像这样的楠木大殿，在我们国内是十分少见的。现在的故宫太和殿，虽说是皇宫最主要的建筑，但它的柱子都是用老黄松木拼合而成的。清东陵顺治皇帝的孝陵的隆恩殿，虽然也是楠木结构的，但是殿里所用木料是拆自北京明代皇宫的清馥殿，而且柱子也远没有长陵这座大殿的那么粗壮。

那么，长陵大殿的楠木产自什么地方？是怎样采伐并运到北京的呢？

文献记载，这些楠木主要产于我国的四川、湖北、云南、贵州等地。其中，四川的金丝楠质量最好。由于这些楠树生长在深山密林之中，采伐非常困难。明谢肇淛《五杂俎》卷十《物部》二有这样的记载："深山穷谷之中，人迹不到……毒蛇鸷兽出入山中，蜘蛛大如车轮，垂丝如缅，冒虎豹食之。采者以天子之命，谕祭山神，纵火焚林，然后敢入。"

从这段记载中，可以看出楠木生长的地方都是深山中的原始森林，里

---

① 《中国营造学社汇编》第四卷第二期刘敦桢《明长陵》。

面毒蛇猛兽出没，蜘蛛甚至有车轮那么大，吐出的丝像绳子一样粗，能够把虎豹罩住，然后吃掉。

这些记载肯定有夸张的成分，但采伐楠木的艰难是不容置疑的。而伐倒的楠木，也往往是"一木初卧，千夫难移"[①]，就是说，伐倒的楠木，又湿又沉，上千个民夫都难以挪动。只好等到雨季到来，山洪暴发时冲出山谷，然后再结筏，通过水路运到京城。而一木至京，花费白银往往多达上万两。

其三是石雕精美、工艺精湛。

这座大殿的台基和月台的石雕工艺非常精湛。三层须弥座式的台基和台基前的月台，周围都安装着精美的汉白玉石栏杆，石栏杆的望柱头雕刻着精美的云龙、云凤图案。殿基前后的中道阶石，雕刻海水江崖以及海马和升龙、降龙图案，呈现一派波澜壮阔的雄伟景象。在这些石雕中，中道阶石采用的是浅浮雕手法，而栏杆的望柱头采用的是高浮雕手法。这一深一浅，让人回味无穷。

这些精美的石雕出自谁手，现在已无法准确得知。

北京大兴老君堂东曾出土一块墓志。墓志中记载，墓主毛贵二是个石匠。他有三个儿子，其中二儿子名叫毛荣，继承父业，石雕技艺高超，在兄弟三人中名气最大，在同行中也是出类拔萃的佼佼者。墓志还记载，毛荣在洪熙元年（1425），曾奉命参与长陵营建，并因此进职为工部营缮所所副。

由此可知，长陵精美的石雕刻应该与毛荣有着直接或间接的关系。

那么，长陵的这座大殿为什么要建造得如此辉煌壮丽呢？

概括起来原因有两点。

一是"事死如事生"的礼制需求。

[①] 《明史·吕坤传》。

我国的陵寝建筑历来都是遵循"事死如事生"的礼制的。战国时期，孔子的嫡孙子思在《中庸》里说："事死如事生，事亡如事存，孝之至也。"意思是，对待死者要像活着时候那样对待，这才是"孝"的至理。所以，历代的陵寝建造，在建筑设置上往往取法生前的建筑形式。在古人看来，皇帝皇后生前居住在皇宫中，死后的陵寝建筑同样要按照宫廷建筑的样式去修建，这样才符合孝道的礼制。所以，长陵的殿宇形制是取法明代皇宫的。明代的皇宫建筑，最主要的建筑是奉天殿。其建筑形制就是下面三层台基，重檐庑殿顶，明朝时的开间也是面阔九间、进深五间的"九五"规制。所以，长陵的这座大殿就完全采用了这种形制。

另外，皇宫建筑在建筑布局的规划设计上，特别强调中轴对称的原则。就是主要建筑设计在中轴线上，附属建筑则对称地设置在两旁。长陵的殿宇建筑也体现了这一原则。例如第二进院落，祾恩殿是主要殿宇，其左右两侧则各设有十五间的配殿。

二是为了满足陵寝礼制的需求。

为了满足陵寝礼制的需求，这座大殿的里面在明朝时供奉有皇帝、皇后牌位，并陈设有帝后的谥册、谥宝、衣冠、仪仗以及神床、神座、桌案等供帝后灵魂起居的陈设物。平时有守陵太监在殿内为永乐皇帝和皇后烧香上供。朝廷每年按节序举行的大型的陵寝祭祀礼仪，也在这座大殿里举行。[1]

三、玄宫深邃，宝山巍峨

长陵的第三个特点，就是玄宫深邃，宝山巍峨。

---

[1] 天寿山明陵的祭祀，依节序进行。初时为每年三大祭（清明、中元、冬至）、四小祭（万寿圣节、正旦、忌辰、孟冬），嘉靖时期，大祭增加霜降一节，小祭减少孟冬一节，称为"四大祭、三小祭"。

长陵的陵寝建筑布局平面是呈前方后圆形状的。殿宇等建筑都处在前面三进方形院落中，后面是平面呈圆形的宝城。

宝城，全称叫"宝山城"，是一座平面呈圆形的城堡。它的作用是保护陵墓的"宝山"。那么，"宝山"指什么呢？

"宝山"也就是老百姓俗称的"坟头"。但是在皇帝陵墓中，不能称为"坟头"，应该叫作"宝山"，这样才显出皇家陵墓的与众不同。宝山是个圆形的山丘形状，其中部最高处也叫"宝顶"，就是宝山顶部的意思。宝山的下面深埋着陵墓的地宫建筑，由于地宫安葬着皇帝和皇后，是陵墓的最核心的部分，在明代的官方文献中，只要陵寝的地宫建成，就记载为"陵成"，也就是陵墓建成了。

谈到长陵的地下宫殿，我们再回到开头所讲的开挖金井时，挖出了泉水的事。

得到永乐皇帝的同意后，廖均卿对着天寿山大声喊道："土地、龙神，我现在为永乐圣主选择陵地，地下挖出了泉水。万里山河都是永乐圣主的，现在永乐圣主銮驾亲至此地，如果泉水再不止住，就是违反天意了。"

说完，廖均卿端着罗盘走进金井深坑中，将罗盘往水里一放。不一会儿，泉水果然止住了。永乐皇帝大喜，马上下令升授廖均卿官职。

那么，廖均卿是怎么让泉水止住的呢？

其实，那时明十三陵地区地下水充足，挖出泉水很正常。文献记载，明十三陵中明孝宗的泰陵、明神宗的定陵都挖出过泉水，只不过都采取了措施，堵住了泉眼，所以都没有影响陵寝的营建。

明人孙绪《无用闲谈》就曾经记载了泰陵金井出水的事。这本书记载：当时"泰陵金井内，水孔如巨杯，仰喷不止"。就是说，当时泰陵金井内的泉眼就像巨口的杯子一样大小，往上喷个不停。还记载，当时有个叫杨子器的官员，亲眼见到这一情况，回京后上疏朝廷，请求改地建陵。而负责陵寝修建的工部左侍郎李鐩，因为希望陵寝尽快竣工，所以他"阴令人塞其孔"，也就是暗中叫人把泉眼堵住了。后来，朝廷派人带着杨子器来泰陵核验，看到泉水没有了，泰陵才继续营建。

廖均卿在奉命参与长陵选址之前，并不是钦天监的官员，而是个家居江西赣州府兴国县三僚村的民间术士，这种金井出水的情况他肯定经历过，并且知道怎样能把泉眼堵住。所以，他才敢对永乐皇帝说大话，并且说得神乎其神。其实，他是完全可以借着拿着罗盘到金井出水地方的机会，运用一些障眼之法，瞒过大家，偷偷将泉眼堵住的。因为罗盘一般都是木制的，把它放在泉眼上，自然会漂浮起来。这样廖均卿就有机会，以罗盘作掩护，偷偷地将泉眼堵住。

长陵地下宫殿建成后，随即就会堆筑宝山，建造宝城。

长陵的宝城有三个特点。

第一是在天寿山明陵中规模最大。《大明会典》卷二〇三《工部》二三"山陵"记载，长陵宝城的直径是"一百零一丈八尺"。折合现在的公制尺寸，就是325.76米。

那么，长陵宝城直径的尺度为什么不取整数，而带那么多零头呢？这其实就是古代建筑界尺度确定的一种行规。那时的工匠，把从一到九的九个数字都赋予了一定的颜色，即一白、二黑、三碧、四绿、五黄、六白、七赤、八白、九紫。在古代的工程技术中，无论是皇家建筑，还是民间建筑，在建筑尺度上都要在尾数上取用"白"的数字，称为"压白"。"压白"的方式，有寸白、尺白、丈白的不同。长陵宝城的尺度，无论是丈和尺都压在了"白"上。

第二是长陵的宝城，虽然和普通的城堡一样，有马道、宇墙、垛墙，有城台、城门和城门楼，但与普通城堡相比，有着明显的不同。

首先是城台的下面开有平面呈"T"字形走向的拱券形门洞。因为，如果像普通城堡那样，建成直通前后的城门洞，里面宝山土填得那么满，就没法进去了。

其次是城台之上的城门楼，名字叫"明楼"。这是一座四面开有拱券门洞的碑亭式建筑。顶部作重檐歇山顶，上下两层屋檐之间，在前面悬挂榜额，书"长陵"两个金色的大字。显然，这是陵墓的标志。

最后是楼内立有圣号碑。碑首刻篆额"大明"两字，碑身刻"成祖文皇帝之陵"七个楷书大字。因此，与普通的城堡相比，其陵墓色彩更为浓厚。

第三是宝城内的宝山呈高大的山陵形状。

那么，这种宝山制度，是怎么来的呢？

这是几千年来陵寝制度沿革演进形成的结果。在古代，周朝之前的帝王墓葬是没有坟头的。东汉崔实《政论》就说："古者，墓而不坟，文、武之兆，与平地齐。"意思是，古时候人们的墓葬是没有"坟丘"的。周文王、周武王墓地的兆域，高矮与平地相齐，也就是并没有凸起的坟头。这种说法是符合事实的。因为不仅西周王墓没有坟丘，就是河南殷墟商王墓葬以及妇好墓也同样是没有坟丘的。

那么，古代的墓葬是什么时候才有了"坟"形式呢？

文献资料记载，大约是在春秋的晚期。当时，孔子合葬他的父母时，为了便于识别，就修了四尺高的坟丘。到了战国时期，国君的坟丘建造得非常高大，当时有"高大若山陵"的记载。因此帝王墓葬有了"山陵"之称。

当然，那时国君陵墓的坟丘，并不是圆形的，而大多是覆斗形的，也就是像个倒扣的大斗，所以，那样的坟丘也叫"方上"或"陵台"。明陵这种圆形的大型坟丘，是起源于明太祖朱元璋的孝陵的。因为，从朱元璋的孝陵开始，明陵都是建造在山地环境中，圆形的坟丘与周围的山水环境更为契合。因此，长陵的宝山形制完全承袭孝陵的制度，采用的也是圆形宝山形制。

总之，长陵陵宫的陵寝建筑成就可以概括为如下三点：

一是天人合一，景观奇迹。长陵景观环境的利用非常成功，陵宫周围的一山一水都成了陵寝建筑必备的设计元素，是中国古建筑中与山水环境相称的最突出的例子。

二是事死如事生，殿宇辉煌。陵寝建筑和皇宫一样，豪华壮丽，象征着皇权的至高无上；但同时又根据陵寝礼制的需求，建造有相应的配套建筑，因此又有陵寝自身的特点。

三是宝山巍巍，气势宏大。长陵的陵寝制度，是在孝陵制度基础上完善的，不仅影响了此后明陵的制度，对清代帝陵制度也产生了巨大影响。

更多精彩 扫码观看

第三章 山陵巍巍

3·1·廖均卿画像

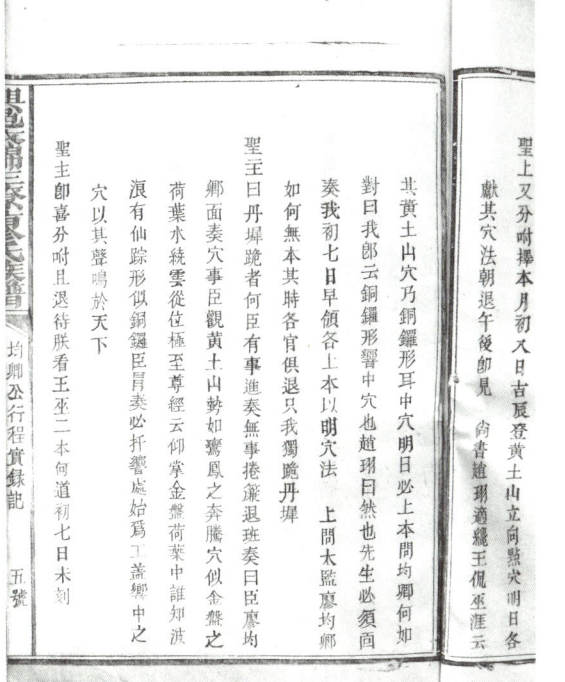

3·2·《兴邑衣锦三僚廖氏族谱》中的《均卿公行程实录记》

3·3·长陵山水形势示意图

3·4·长陵北面的天寿山巍峨壮丽，层峦叠嶂

3·5·长陵南面远山如屏，秀丽如画

3·6·长陵东面蟒山逶迤而来，宛如长蛇

3·7·长陵西面的虎峪山落势雄壮，如虎卧伏

第三章 山陵巍巍

3·8·长陵祾恩殿雪景

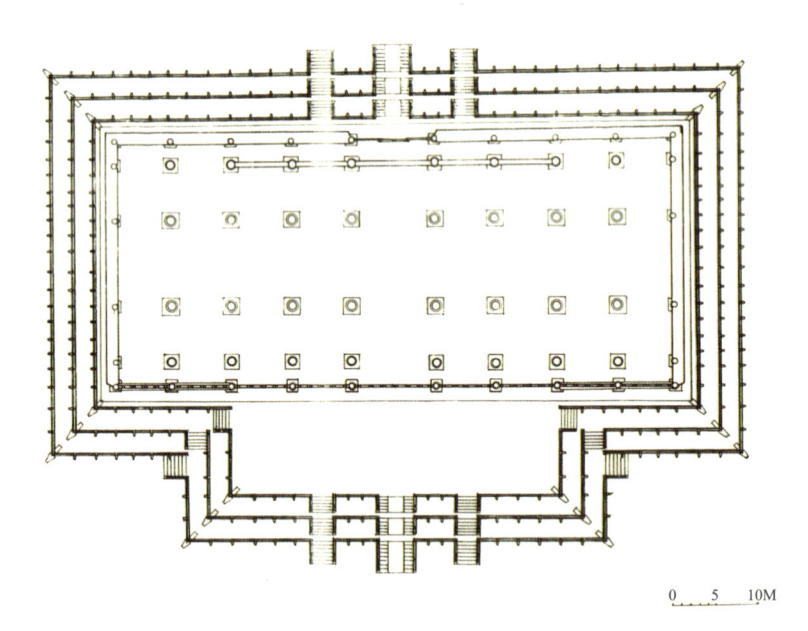

3·9·长陵祾恩殿平面图

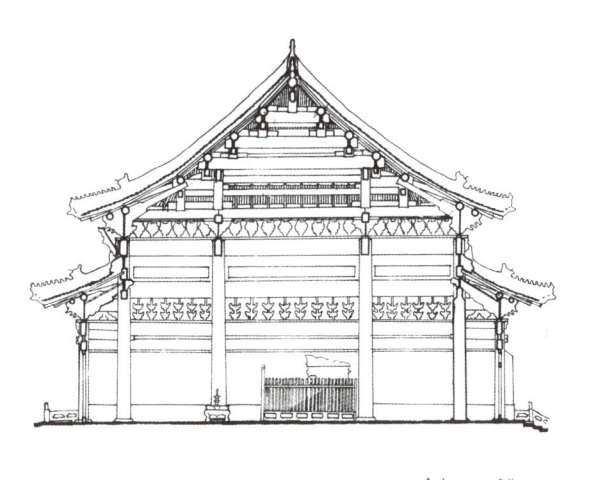

长陵祾恩殿明间横断面图

3·10·长陵祾恩殿侧立面剖视图

3·11·长陵祾恩殿楠木柱

3·12·长陵祾恩殿石栏杆雕云龙望柱头 　　　3·13·长陵祾恩殿雕云凤望柱头

3·14·长陵祾恩殿御路石雕

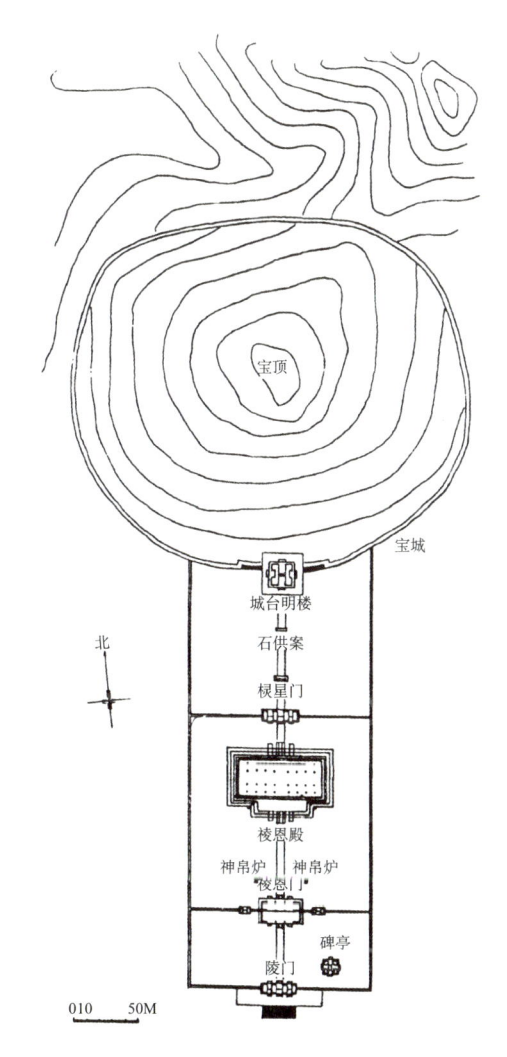

3·15·长陵平面图

探秘明十三陵

3·16·长陵明楼雪景

第四章

祔后秘档

提起皇后，人们往往会认为，其一定是享尽荣华富贵的。但实际上，在紫禁城里，无论是皇后还是皇妃，她们的命运都是攥在皇帝的手中的。受宠，则风光无限；不受宠，则可能会被打入冷宫，甚至饱受摧残。例如，《明史·后妃传》记载，成化皇帝朱见濡（深）有一位孝穆皇后纪氏，给皇帝生了儿子，却不敢让皇帝知道。孩子六岁了，才见到亲爹，可是她自己却莫名其妙地死了。而明代的官方文献只是简单地记载："皇子母纪氏薨，追封淑妃……"[①]直到她的儿子明孝宗朱祐樘当上皇帝，才追谥她为孝穆皇太后，迁葬茂陵。

这一章将介绍几位命运截然不同的祔葬皇后。

那么，什么是"祔葬皇后"呢？

明朝的丧葬礼制，无论是生前还是死后，凡是获得了皇后或皇太后尊号的，都会与皇帝安葬在同一个地宫内。其中，只有原配皇后可以与皇帝合葬。

其余的皇后都属于"祔葬"皇帝陵内。

祔葬皇后的身份大体可分为续弦后、尊称后、追谥后三大类。

---

① 《明宪宗实录》卷一四二。

一、续弦后

续弦后是因为皇帝的原配皇后去世，以续弦的身份被立为皇后。她们的命运如何，基本上是取决于皇帝对她们的态度。

属于这种情况的祔葬皇后有明世宗嘉靖皇帝的孝烈皇后方氏和明穆宗隆庆皇帝的孝安皇后陈氏。

孝烈皇后方氏。明世宗嘉靖皇帝朱厚熜享国45年，在位期间先后册封过三位皇后，孝烈皇后方氏是嘉靖皇帝的第三位皇后。嘉靖皇帝的原配皇后是孝洁皇后陈氏，嘉靖七年（1528）十月去世。随后第二位皇后张皇后被立，她在嘉靖十三年（1534）正月被废。张皇后被废后的第十天，方氏被立为皇后。

孝烈皇后方氏，江宁（今江苏南京）人，嘉靖十年（1531）被选为九嫔之一的德嫔。

方皇后在嘉靖二十一年（1542）的"壬寅宫变"时曾经救过嘉靖皇帝的命。"壬寅宫变"称得上是明朝后宫中稀有的事件，当时有16名宫女，出于对嘉靖皇帝残虐对待宫人的愤恨，趁嘉靖皇帝熟睡时，密谋将他勒死。由于这些宫女绾绳套时，误打了死结，又有宫女告密，方皇后闻讯赶到，解开绳索，救下嘉靖皇帝。但是，那时嘉靖皇帝已经不能说话。所以，方皇后下令逮捕这些宫女进行审讯。审讯的结果是，王宁嫔是主谋，曹端妃虽然没有参与，但也知情。

于是，方皇后下令处死了这些宫女及王宁嫔、曹端妃。其实，曹端妃确实不知道这件事。后来，嘉靖皇帝知道了曹端妃的冤情，说："曹妃，我所爱，怎能有害我的心！"因此，对方皇后产生了怀疑。嘉靖二十六年（1547）十一月的一天，方皇后所住的宫殿发生火灾。内臣们请示救方皇后，嘉靖皇帝不置可否。方皇后因此死于那次火灾。后来，嘉靖皇帝也觉得自己有些愧对方皇后，说："过去皇后救过我的命，我却没能救皇后的命。"下令以原配皇后礼仪，葬入永陵。

明穆宗隆庆皇帝的孝安皇后陈氏。她名叫陈寿，康熙《通州志》记载，她的父亲陈景行，原是通州候选岁贡生，也就是准备选拔到京师国子监读书的秀才。她家居住通州城东门外，因陈寿出生时附近地方香气弥漫，她家所在的胡同因此被称为香儿胡同。嘉靖三十七年（1558）九月，陈氏被选为裕王继妃，裕王也就是后来的隆庆皇帝，隆庆元年（1567）他将陈氏册立为皇后。

陈氏没有生儿子，而且体弱多病。隆庆皇帝即位后，曾经沉湎酒色，陈皇后对他进行劝导，因此被隆庆皇帝下令从皇后居住的宫殿——坤宁宫迁到别的宫殿居住。御史王时举、王之垣等上疏，请陈皇后正位中宫，回到坤宁宫居住。隆庆皇帝却说："皇后服侍我这么久，没生儿子，还身体有病。让她住到别的宫殿里，是让她舒心啊。你们不知道内廷的事儿，净瞎说！"

御史们接着又上疏说："皇后是先帝为您选的，贤德著闻，让她抑郁成疾，已经不应该了，皇上却还说这样舒心。哪有夫妻不在一起而舒心的？"隆庆皇帝这才说："等皇后病好了，就让她回坤宁宫。你们不要再多说了。"

但实际上，隆庆皇帝始终没有把陈皇后接回坤宁宫，直到万历皇帝即位后，陈皇后的生活环境才得到改善。万历皇帝尊她为"仁圣皇太后"，并且对她很孝敬。陈氏在万历二十四年（1596）七月病故，同年九月葬入昭陵。

由此可见，这两位续弦的皇后，命运颇有大起大落的感觉。

二、尊称后

尊称后在皇帝活着的时候，是妃子身份，因为儿子或孙子当了皇帝，所以生前被尊为皇太后，受到了子孙的敬养。

属于这种情况的有明英宗正统皇帝的孝肃皇后周氏、明宪宗成化皇帝的孝惠皇后邵氏和明穆宗隆庆皇帝的孝定皇后李氏等三位皇后。

明英宗的孝肃皇后周氏，是宪宗生母。她是"母凭子贵"而在生前就享受到皇太后的尊荣的。

她的家在明朝时是昌平州文宁里柳林村，现在属于北京市海淀区。她的父亲是周能，官至锦衣卫千户，后来被追封为庆云侯。

她是怎么进皇宫的呢？

明末清初人查继佐的《罪惟录》中是这样记载的：周氏十多岁的时候，英宗到郊外打猎，在追赶野兔时，闯进了周家。周家人不知所措，吓得躲藏起来。只有周氏没有躲。英宗见周氏挺有胆识，就把她带回了皇宫。正统十二年（1447），周氏生下宪宗。天顺元年（1457）册封为贵妃。宪宗即位，尊为皇太后。孝宗即位尊为太皇太后。弘治十七年（1504）去世，祔葬裕陵。

周氏贵为皇太后，她在处理明英宗原配皇后钱氏的安葬事情上，却违反了明代的礼制。

钱氏，是明英宗的原配皇后。正统十四年（1449），蒙古的瓦剌部大举南犯，明英宗朱祁镇在太监王振的怂恿下，率领50万京营人马御驾亲征。结果，在河北怀来的土木堡，明军全军覆没，英宗被瓦剌军俘虏。为迎回英宗，钱氏把自己宫里的财宝都献了出来。每天哭天抢地，跪在地上，祈求神灵保佑英宗不要出事。累了便就地躺下，结果，伤残了一条腿。因每天不停地哭泣，还哭瞎了一只眼睛。后来英宗被放回了，最后还重新登上了皇帝宝座。钱氏虽然没有生育过子女，后来又有了残疾，但是，英宗对她非常敬重，临终前特意对大学士李贤说："钱皇后千秋万岁后，与朕同葬。"[①]

---

① 《明史·后妃传》。

李贤回到内阁，把英宗的遗命写了下来。宪宗即位，尊钱氏为慈懿皇太后。成化四年（1468）六月，钱氏因病去世。

按照明代的礼制，钱氏死后应该葬入裕陵与英宗合葬。但是，这时宪宗的生母周氏，希望将来自己与英宗合葬裕陵，因此，极力反对将钱氏葬入裕陵。她让宪宗与大臣们商量，另外选址修建陵园埋葬钱氏。

大学士彭时等大臣表示反对。他们说，大行皇太后（古代称去世的皇太后为大行皇太后）是作配先帝多年的皇后。皇上登极以后，又尊大行皇太后为慈懿皇太后。这既是英宗注重夫妇人伦的体现，又是皇上重视母子恩情的体现。天下后世在这方面都不会有什么异议。大行皇太后的皇后地位已经有几十年了，天下都知道。寿终之后，合葬裕陵，是礼制规定的，不能改变。

于是，宪宗让礼部召集大臣们对这事再进行讨论。

七月初一那天，礼部尚书姚夔会集在朝的文武大臣共计99人，进行讨论。大家一致认为：慈懿皇太后与周太后都应该与英宗合葬在裕陵。慈懿皇太后安葬在英宗的左面；千秋万岁之后，周太后安葬在英宗的右面。

但是，宪宗却批答说："你们所说的固然合乎道理，但是母亲那里总是有阻碍。朕多次请示，母亲都不同意。朕平时对两宫皇太后都是一样孝顺，如果因为这件事违反母亲的意愿，出点什么事，怎能说是孝顺呢？现在还是应该在裕陵左右选地方按照礼仪安葬，才是两全其美的办法。你们应该体谅朕的苦衷。"

见宪宗还不同意把钱皇后葬入裕陵，大臣们索性集体跪在文华门外，从上午一直跪到下午，周太后这才勉强同意钱皇后入葬裕陵。

然而，在周太后的授意下，钱皇后虽然葬入裕陵，却没能按礼制和英宗同葬地宫主殿内，而是被葬入地宫的左配殿内，并且朝廷下令用砖石堵死了地宫主殿与左配殿之间的通道。

周氏于弘治十七年（1504）三月去世，葬入裕陵，和英宗葬在了一起。

宪宗的孝惠皇后邵氏，是世宗嘉靖皇帝的父亲朱祐杬的生母，浙江昌化人。父亲名叫邵林，是个淘沙军。邵氏小时候，因为家里贫穷，被卖给了杭州镇守太监。太监很喜欢她，让她读书。她小时候就能诵读唐诗几千首，长大后，不仅知书达理，人也漂亮。所以，那名太监将她送进了皇宫。邵氏自进宫后，因为万贵妃擅宠，被安排在一处比较闭塞的院落中，所以一连几年没有见过宪宗。

那么，她是怎么见到宪宗的呢？

原来，有一天晚上，皓月当空，邵氏对月一股伤感之情油然而生，便吟诵起自己写的《红叶诗》：

宫漏沉沉滴绛河，绣鞋无奈怯春罗。
曾将旧恨题红叶，惹得新愁上翠蛾。
雨过玉阶秋气冷，风摇金锁夜声多。
几年不见君王面，咫尺蓬莱奈若何？①

这首诗的意思是：

在静静的宫殿里，宫漏的滴水声非常清晰，水滴流下，感觉就像流入浩瀚的银河中；宫中实在寂寞，本想出去散散心，无奈又怕春罗草上的露水把绣鞋弄湿弄脏。

唐朝时，曾经有位宫女在红叶上题诗，以表达对后宫寂寞的哀怨；想到这里，不禁勾起了我的新愁，愁容写上了我的翠蛾般的眉梢。

一场秋雨过后，湿淋淋的白玉石的台阶，让人感到秋意的寒冷；深夜里，

---

① （明）朱国祯：《涌幢小品》卷五《母后奉迎》。

大风摇动着宫门上的金锁，叮当叮当地作响。

已经好几年了，都没见到皇帝一面。我这里借用唐朝时的事，表达一下我的心情，皇宫后院太液池中的蓬莱山啊，虽然近在咫尺，怎奈何我却不能接近啊！

这里提到了《红叶诗》的典故。相传唐宣宗时有个诗人叫卢渥，到长安应举。他在皇城外的御沟中捡到一片红色的树叶。红叶上题有一首诗："流水何太急？深宫尽日闲。殷勤谢红叶，好去到人间。"[①]

卢渥很喜欢这首诗，把红叶收藏在箱子里。后来，他娶了一位从皇宫里放出来的姓韩的宫女。卢渥谈起这首诗，她说正是自己所写。卢渥不信，她便提笔写了一遍。一对笔迹，果然一样。这件事被传为佳话。红叶诗也因此成为皇宫女子描写对深宫寂寞不满的一种方式。邵氏入宫后见不到宪宗，就写下了这首诗，宣泄自己的情感。

恰巧这时宪宗从这里经过，听到邵氏吟诵的诗，觉得不同寻常。邵氏因此也得到了宪宗的宠幸。后来，她生下了包括嘉靖皇帝的父亲兴王朱祐杬在内的三个皇子。

成化十二年（1476）她被册封为宸妃，成化二十三年（1487）晋封为贵妃。

世宗当皇帝时，她因为眼病，已经什么都看不见了，但是，听说自己的孙子当了皇上，还是非常高兴。她把世宗拉到身前，从头摸到脚。世宗尊她为皇太后，上尊号为"寿安"。嘉靖元年（1522）十一月邵氏去世，谥孝惠皇太后，次年二月葬茂陵。

明穆宗的孝定皇后李氏也属于这种情况。她在明神宗即位后，被尊为"慈圣皇太后"。她在支持张居正推行改革，以及明光宗朱常洛被立为皇太子

[①] （唐）范摅：《云溪友议》卷十。

等事情上，起到了决定性的作用。

可以看出，这三位尊称后，都是比较幸运的。她们由于儿孙为帝，生前都享受到了荣华富贵和太后应有的尊敬，死后则直接安葬在皇帝陵墓中。

三、追谥后

追谥后生前始终是妃子身份，死后才因儿子或孙子当了皇帝，被追谥为皇太后。

属于这种情况的有明宪宗成化皇帝的孝穆皇后纪氏、明世宗嘉靖皇帝的孝恪皇后杜氏、明神宗万历皇帝的孝靖皇后王氏、明光宗泰昌皇帝的孝和皇后王氏和孝纯皇后刘氏五位皇后。

这五位死后才获得皇太后待遇，并从原来的妃子坟迁葬皇陵之内。她们虽然都为皇帝生下了子嗣，甚至是皇长子，却都不是皇帝的宠妃，有的甚至被皇帝宠爱的妃子压制或欺凌，精神上和身体上都受到严重的摧残，因此可以用"凄惨"二字来概括她们的一生。

例如，明宪宗成化皇帝的孝穆皇后纪氏。《明史·后妃传》记载，她是明孝宗朱祐樘的生母，广西贺县人，是当地少数民族土官的女儿。成化时南征，被俘入宫中。因为她机警又通晓文字，所以被授为女史，管理皇家典籍。一次，宪宗偶然来到内藏，也就是皇宫内部的图书和档案室，见纪氏对答合意，就在内藏与她发生了关系。纪氏因此有了身孕。

当时，宪宗的宠妃万贵妃因为自己所生的孩子不满周岁就死了，所以只要其他妃子怀孕，她都要想方设法让其他妃子吃药打胎。纪氏怀孕，自然不会被万贵妃放过。她指使宫婢暗中下药，想使纪氏流产，但是没有成功。后来，宫婢撒谎，说纪氏不是怀孕，是肚子里长了瘤子。纪氏因此被安置在安乐堂养病。

几个月后，纪氏生下了孝宗。纪氏恐怕万贵妃迫害，派门监张敏将孝宗抱出去淹死。但是，张敏觉得皇上还没有儿子，淹死岂不太可惜。于是，他又将孩子抱回。此后，纪氏每天弄些粥糊喂养孩子。

成化十一年（1475），孝宗已经6岁。这一年五月的一天，宪宗叫张敏给自己梳理头发。宪宗对着镜子叹息说："我快老了，还没有儿子啊！"张敏赶忙跪下说："奴才死罪，万岁已经有儿子了。"宪宗惊愕地问道："我儿子在哪里？"张敏说："奴才说了，可能就活不了了。万岁应当为皇子做主。"太监怀恩也说："张敏说得对。皇子就在西内附近的安乐堂，现在已经6岁了，一直不敢告诉皇上。"宪宗听了，不禁喜出望外。当天，他就亲自去西内迎接自己的儿子。当宪宗派去的内使来到安乐堂时，纪氏抱着孝宗哭着说："儿子你走了，我就活不了了。儿子见到穿黄袍有胡须的那个人，就是儿的父亲。"使者给孝宗穿上小红袍，抱上小轿子，来到台阶下。孝宗的胎发长垂到地，跑着投入宪宗的怀抱。

宪宗把他抱到膝盖上，看了又看，悲喜交集，哭着说："是我的儿子，像我。"宪宗命太监怀恩到内阁说明事情的原委。第二天，群臣入宫祝贺，颁诏天下。宪宗亲自为孝宗取名祐樘，并决定秋凉时举行仪式，立为皇太子。纪氏被迎接到永寿宫，宪宗多次召见她，一起吃饭。

万贵妃得知后，日夜怨泣，说是被小人欺骗了。这一年的六月，纪氏突然死去。宫里传说是万贵妃在宪宗召见纪氏时，在酒里下了毒，纪氏被毒死。还有人说是自缢而死。说法不一。张敏则吞金而死。

纪氏去世后被谥为淑妃，葬京西金山。孝宗即位，追谥为孝穆皇太后，迁葬茂陵。

当然，《明史·后妃传》所记载的这些事，最早见于明朝万历时于慎行所著的《谷山笔麈》。他是听一位老太监说的，然后写在书里，其中内容难免有故老相传的传说色彩。但《明宪宗实录》卷二八六在记载皇贵妃万氏于成化二十三年（1487）正月十日去世时，有"孝穆皇太后以妃（指万贵妃）之故，孙（逊）居西内，数年而崩"的说法，说明孝穆皇太后生前是确曾受到万贵妃的欺压的。《明孝宗实录》卷一也记载："孝穆皇太后既娠，以疾逊于西宫，而上（指孝宗）生焉，成化六年七月三日也。"又记载："上……生六岁，当成化十一年五月，太皇太后育之宫中，食饮居起，亲为保抱。会乾清宫灾，宪宗欲显示于众，乃命司礼监太监怀恩等至内阁谕意，大学士商辂等因请敕礼部拟名。于是廷臣相贺。"这说明，孝宗作为宪宗的儿子真正公开于天下，确实是在孝宗六岁之时。当然，孝宗的出生直到6岁宪宗决定公开时，确实瞒过了万贵妃，对于此事，宪宗或许是知情的。所以，明沈德符《万历野获编》引成化时大学士尹直《謇斋琐缀录》的记载说："纪后有娠，万氏恚而苦之。上令托病处安乐堂，以痞报。而属门官照管，密令内侍谨护。"可见，孝宗的出生不敢公之于众，确实是害怕万贵妃知道。

又如，明神宗万历皇帝的孝靖皇后王氏生前的生活也是很凄惨的。她是明光宗泰昌皇帝的生母，神宗去世前，她的身份是皇贵妃。她的家在宣府都司左卫。父亲王朝窠是锦衣卫百户，后来朝廷又追赠给他明威将军、指挥佥事的官衔。孝靖皇后生于嘉靖四十四年（1565），万历六年（1578），年仅13岁的她被选进皇宫，在孝定皇太后居住的慈宁宫当宫女，负责侍候孝定皇太后。

万历九年（1581）的一天，神宗来到慈宁宫拜见母亲，见王氏颇有些姿容，就与她发生了关系，王氏因此怀孕。按当时宫内的规矩，皇帝与妃嫔宫女发生关系，皇帝都要对女方有所赏赐。文书房的内侍还要记下事情发生的年月以及所赐物品的名称，以备查验。

然而，神宗并不是真的喜欢王氏。他喜欢的是万历十年（1582）被册立为淑嫔的郑氏，也就是后来被封为皇贵妃的郑氏。郑氏姿色娇媚，而且性格也活泼开朗。别的妃嫔见了神宗都是毕恭毕敬，只有郑氏和神宗谈笑自若，还幽默地称神宗是"老嬷嬷"（老太太），意思是说神宗说话有点絮叨。

但神宗不但不恼，还对她情有独钟。正因如此，神宗对他和王氏的事从来不与人谈起，总想遮掩过去。但是，这件事却没有瞒过神宗的母亲孝定皇太后。

有一天，神宗陪着母亲吃饭。老太后向神宗提起这件事。神宗想抵赖，不承认这事。孝定皇太后叫人拿来《内起居注》让他看，神宗这才不得不承认了。孝定皇太后好言劝神宗说："我老了，还没有抱上孙子。将来要是生个男孩儿，这也是宗社之福啊！母以子贵，还分什么高低等级呀！"就这样，神宗不得不在万历十年（1582）六月将王氏封为恭妃，恭妃八月十一日就生下了光宗。

孝靖皇后为神宗生了儿子，而且是长子，照理说，王氏当时的地位应该有所提高。可是，因为神宗只喜欢郑氏，所以王氏的封号还是恭妃，一点儿没有改动。相反，郑氏尽管还没生孩子，却在第二年，也就是万历十一年（1583）被封为德妃。万历十二年（1584）又晋封为贵妃。万历十四年（1586），郑氏生下皇三子朱常洵，神宗又马上封她为皇贵妃。

神宗每天与郑贵妃卿卿我我、形影不离，王氏与光宗则是母子同居景阳宫，常年得不到神宗的关心与爱护。

另外，神宗的原配皇后孝端皇后王氏没有生子，光宗为神宗长子，按理说早该立为皇太子了。但是，神宗总想立自己的爱妃郑贵妃所生的皇三子朱常洵为太子，他曾经和郑贵妃到皇宫的大高玄殿，对着真武大帝发誓，许愿要立朱常洵为太子。神宗还写下一纸文书，封在玉盒里，交给郑贵妃，作为凭信。基于此，神宗总是找各种借口推托，就是不立朱常洛为太子。王氏的名位也因此而始终是恭妃。

大臣们看不过去了，纷纷上疏对皇帝进行劝谏。户科给事中姜应麟上疏说：恭妃生皇长子，地位反而在郑氏之下。请皇上降旨先册封恭妃，其次册封郑贵妃。还应该明确下诏册立皇长子为皇太子。神宗看完姜应麟的奏章非常气愤，将他降职发到边远地方担任杂职官员。

姜应麟被贬的消息传到了神宗的母亲孝定皇太后那里。老太后觉得神宗的做法不妥。有一天，神宗去看母亲。孝定皇太后问他："现在外廷大臣们都说应该早定长哥（宫中称太子为长哥），你如何打发他？"神宗回答："他是都人的儿子。"宫里面都称宫女为都人，神宗的意思是，光宗是宫女所生，不配当太子。不料，老太后听了，非常不满。非常严肃地教训他说："你也是都人的儿子。"原来，老太后最早来到裕王府时，身份也是宫女。后来生了神宗，身份才显贵了起来。神宗听了母亲的话，连忙跪下，从此神宗打消了立朱常洵为太子的念头。

万历二十九年（1601）十月，光宗被立为皇太子，但是王氏的封号还是恭妃。直到万历三十四年（1606），神宗在皇长孙落生后，给母亲加上新徽号时，王氏的封号才由恭妃进为皇贵妃。

但是，此后的王氏的处境并没有因封号的上升而有所改善。神宗对她依然是非常冷漠。她身体越来越差，在万历三十九年（1611）九月去世。

《明史·后妃传》记载了孝靖皇后去世时的情景：孝靖皇后病情危急，光宗请示神宗前去看望。可是，到了母亲居住的宫殿，发现宫门紧闭着，门还锁着。内侍用钥匙打开锁，光宗才进去。进去一看，母亲因为眼睛生病，已经什么都看不见了。她拉着光宗的衣服说："儿长大如此，我死何恨？！"说完就去世了。由此可见，孝靖皇后的一生是很不幸的。

王氏死后，神宗命人到天寿山卜选墓地，选得东井左侧的平冈地，在那里营建了坟园。万历四十年（1612）七月十七日入葬。

光宗登极后，曾下诏追谥母亲为皇太后，但仪礼未行，自己先崩。明熹宗天启皇帝登极，才为王氏上尊谥为孝靖皇太后，并迁葬定陵。

更多精彩 扫码观看

4·1·孝安皇后陈氏画像

4·2·孝肃皇后周氏画像

第四章 祔后秘档

4·3·孝惠皇后邵氏画像

4·4·孝靖皇后王氏画像

第五章

永定越制

在明十三陵中，长陵因为是祖陵，所以，规模最为宏大。按照明朝的礼制，后代皇帝的陵墓，在规模上应当比前代的陵墓规模略小，或者相等，如果超过了，就是超越礼制。

那么，在明十三陵中有没有超越祖制营建陵园的情况呢？答案是有的。这就是明十三陵中的第八座陵永陵和第十座陵定陵。这两座陵都是明朝中后期的陵墓，为什么明朝中后期会出现这种超越礼制营建陵园的情况呢？它们背后究竟隐藏着什么不为人知的秘密呢？

谈到明十三陵中后期的陵园，不能不从早期的陵寝制度谈起。

一、六陵俭制

长陵之后，相继建有明仁宗的献陵、明宣宗的景陵、明英宗的裕陵、明宪宗的茂陵、明孝宗的泰陵、明武宗的康陵等六座陵墓。

这六座陵墓还是严格遵守明代陵寝的礼制的。

为什么说这六座陵墓是严格遵守明代陵寝的礼制呢？我们可以看一看这六座陵墓的营建和陵寝建筑情况。

首先，看一下明仁宗的献陵。

献陵的营建是在明仁宗死后才开始的。《明仁宗实录》卷一〇记载，洪熙元年（1425）五月辛巳（十二日），明仁宗临终遗诏说："朕既临御日浅，恩泽未洽于民，不忍复有重劳，山陵制度务从俭约。"意思是说，我当皇上时间短，恩惠还没有遍及天下的百姓，不忍心再给百姓增加劳务负担。山陵制度，一定要按照俭约的原则去办理。

明宣宗朱瞻基即位后，召吏部尚书蹇义、户部尚书夏原吉至皇宫，商量为父亲营建陵墓的事。明宣宗对他们说："国家用四海的财富，安葬先皇，还怕破费钱财吗？然而，古代的圣明天子都是推崇简朴陵寝制度的。作为孝子，也只是想使自己的亲人体魄能够永久保存，并不想厚葬。秦汉时期厚葬的弊病，足以让我们引以为戒。何况皇考有遗诏，要求从俭建陵。这是天下共知的。现在营建皇考的山陵，我认为应遵从皇考先志。你们觉得怎样？"

蹇义等回答说：皇上的见解很有远见，是发自真心的孝敬，也是对千秋后世都有益处的事。

于是，宣宗亲自拟定了献陵陵园规制，并委派官员动工营建。

献陵的营建，从洪熙元年七月兴工，仅用了三个月的时间就将地宫建成了。地面建筑也陆续营建。洪熙元年八月，营建门楼、享殿、左右庑配殿和神厨。正统七年（1442）十二月建造明楼，次年三月，陵寝建筑全部完工。

建成后的献陵，陵寝制度确实比较俭朴。

其神道从长陵神道北五空桥北面向北分出，长约一千米。中途建有单孔石桥一座。并没有像长陵那样设置石像生、碑亭（现存碑亭为嘉靖年间增建）、棂星门等建筑。

陵宫建筑与长陵相比较，同样非常俭朴。献陵的陵宫坐落在长陵西侧，黄山寺一岭的南面。和长陵一样，也是坐北朝南。但是陵宫面积为4.2万平方米左右，仅相当于长陵占地面积的1/3左右。

明献陵的陵宫建筑，因为所在地形不同，所以布局方式与长陵也有所不同。即祾恩殿和方城明楼在院落上彼此不相连属。两院之间相隔着一座叫"玉案山"的小土山。

献陵陵寝建筑规模比长陵要小得多。祾恩殿、两庑配殿都是五开间，祾恩门仅三开间，而且都是单檐歇山顶建筑。其中，祾恩殿台基只有一层，月台前的御路石雕刻的是简单的云纹；殿内各柱都只油饰朱漆，不像长陵祾恩殿那样，中间四柱装饰有金制的莲花图案，非常豪华。

献陵的方城、明楼没有长陵高大，城下券门改为更简单的直通前后的形式。宝城内封土堆起的宝山，也不像长陵那样填满宝城，高大巍峨，而是从宝城内的地面逐渐高起，与长陵相比就显得低矮得多了。

由此可见，献陵的陵寝建筑与长陵相比，确实有天壤之别。

由于献陵陵制不追求奢华，清顾炎武《昌平山水记》在谈及明十三陵时，有"献陵最朴"之说，它为以后的明陵建筑树立了规制简朴的楷模。

再来看一下明宣宗的景陵。

景陵位于长陵东面的黑山脚下，其营建始自宣宗朱瞻基去世之后。英宗朱祁镇即位后随即派人赴天寿山陵区卜选陵地。宣德十年（1435）正月，陵寝营建动工。天顺七年（1463）三月，陵寝地上建筑全部建成。其营建断断续续经历28年的时间。

景陵的陵寝制度，一遵献陵俭制。其神道从长陵神道北五孔桥南向东分出，长约1.5千米，途中仅建单孔石桥一座。

陵宫朝向为坐东北朝西南，宝城因地势修成前方后圆的修长形状。前面的二进方院和后面的宝城连成一体。中轴线上依次修建祾恩门、祾恩殿、三座门、棂星门、石供案、方城、明楼等建筑。

嘉靖十五年（1536）四月，明世宗嘉靖皇帝朱厚熜亲阅长、献、景三陵，见景陵规制狭小，认为这样与宣宗皇帝的功德之大不相称，下令增高殿宇，重新建造。

增崇基构后的景陵祾恩殿，由单檐歇山式建筑改为重檐歇山式建筑。月台前御路石雕仿照长陵雕刻双龙图案。但是，祾恩殿两庑配殿、祾恩门等建筑的开间，都和献陵一样。

由于景陵受地形所限，占地范围比较小，清梁份《帝陵图说》称景陵为"陵之最小者"。

后来营建的明英宗裕陵、明宪宗茂陵、明孝宗泰陵、明武宗康陵，也都是按照献、景二陵的简朴制度规划营建的。

那么，献、景、裕、茂、泰、康六陵为什么都采用这样的简朴陵寝制度呢？

一方面，这六座陵都是皇帝死后由嗣皇帝组织建造的。因而，在陵寝制度方面没有超越礼制的特殊需求。

另一方面，因明仁宗有遗诏，要求从俭建陵，献、景二陵已成典范，所以这六陵在陵寝制度方面也就采取同一规制了。

二、永陵越制

到了明十三陵中的第八座陵永陵的时候，情况却出现了巨大变化。这座陵是明世宗嘉靖皇帝朱厚熜生前营建的，不仅在规模上超越前述六陵规制，而且在建筑奢华方面还超过了长陵。

这座陵，位于景陵东面的阳翠岭脚下。嘉靖十五年（1536）四月开始动工营建。嘉靖皇帝亲自主持了祭告长陵的典仪，武定侯郭勋、辅臣李时奉命总理山陵营建事宜。

在营建过程中，嘉靖皇帝打算按照长陵的规制进行营建，却又不好把话说明，就含蓄地对礼部尚书夏言等说，陵寝制度适当仿照长陵，但必须压缩一下规模。

夏言等人对嘉靖皇帝的话心领神会，送给嘉靖皇帝御览的陵寝设计方案，只比长陵规模略小，因此很快得到嘉靖皇帝同意。

经过7~11年的经营，永陵营建大体告成。建成后的永陵与前七陵相较，有三个独特之处。

第一，是规模宏大，越制营建。

在古代，陵园规模的大小，取决于陵园殿庑、明楼及宝城规制。按照礼制要求，后世的帝王陵墓不应在陵寝规制方面超越其前代帝王的陵寝。但永陵的陵寝建筑，如宝城、殿庑等却在规模上超过了其前代献、景、裕、茂、泰、康六陵制度，仅比永乐皇帝的长陵略小一点。

《大明会典》记载，永陵宝城直径为八十一丈（约270米），祾恩殿为重檐七间，左右配殿各九间。其规制仅次于长陵宝城直径一百零一丈八尺（约325.76米），祾恩殿重檐九间的规模，而超过了永陵之前所建的献、景、裕、茂、泰、康六陵制度。因为这些陵的宝城直径都明显小于永陵，祾恩殿、左右配殿都是五间。永陵祾恩门面阔五间则与长陵相等，同样在规模上大于前述六陵制度，因为前述六陵的祾恩门均为面阔三间。

其后仅定陵仿永陵建造，大体与之同制，但左右配殿各为七间，也还是略小于永陵。而庆、德、思三陵的建筑规模都小于永陵。所以，永陵在明十三陵中是仅次于长陵的第二大陵。

第二，是陵园设计，独具特色。

其一是永陵的方院和宝城之外，有一道前七陵都没有的外罗城。

外罗城之内，左列神厨、右列神库各五间，还仿照深宫永巷之制，建有东西长街。清梁份《帝陵图说·永陵》曾记载永陵这座外罗城的由来："永陵既成，壮丽已极，为七陵所未有。帝登阳翠岭，顾工部曰：'朕陵如是止乎？'部臣仓皇对曰：'外尚有周垣未作。'于是周遭甃砌，垣石坚厚，壮大完固。虽孝陵所未尝有，其后定陵效之。"

意思是说，永陵建成了，壮丽极了，以前建的七座陵都比不上这座陵。嘉靖皇帝登上陵后的阳翠岭，对工部大臣说："我的陵修成这样就完了吗？"工部大臣以为嘉靖皇帝不满意，吓得惊慌失措，赶忙回答说："外面还有一圈墙没修呢。"于是，在陵园的宝城和方院外面又建造了外罗城。外罗城有厚厚的石条墙基，高大而又坚固，即使是孝陵也比不了，后来定陵效法永陵，也建造了外罗城。

这段文字的记录非常生动，流传也很广泛。清朱彝尊《日下旧闻》等书都有这样的记载，就连清朝的乾隆皇帝都深信不疑。他在《哀明陵三十韵》里特意提到这件事。

但实际上，这段文字记录应该是出自传闻。

因为按《明世宗实录》的记载，当时夏言等人拟定的永陵陵寝制度，是按照嘉靖皇帝的旨意，把皇妃从葬的方式与陵园制度一体考虑的。更确切地说，嘉靖皇帝当时是想把自己的妃子们也葬在自己的陵园内。于是，夏言等人设计了外罗城，以便将皇妃们埋葬于外罗城之内，其布葬的位置则拟在"宝山城之外，明楼之前"，亦即明楼前左右宫墙之外，左右相向，依次而祔。这个方案得到了嘉靖皇帝的批准，于是才有了外罗城这一新的形式。

当然，后来永陵的外罗城内并没有安葬嘉靖皇帝的妃子。嘉靖皇帝的妃子中只有八位葬在了天寿山陵区内袄儿峪的山下，其余都葬在了京西的金山脚下。这说明，尽管外罗城的规划是为安葬众妃而设计的，但是最后并没有真正落实。

其二是祾恩殿的位置改变了过去各陵处于院中的方式，改为在第二和第三进院落之间红墙之间的位置，这样可以使祾恩殿前的空间更为开阔。

其三是城台下面不设陵寝门洞，因为砖石结构的明楼重量肯定要比砖木结构的明楼重许多，所以采用实心的城台更为安全。于是，上登宝城的坡道便设在了宝城墙前城台的左右两侧，并且各设有白石门楼。

其四是明楼内的圣号碑造型新颖，别具一格。前七陵圣号碑的碑趺均为须弥座式，形制比较统一，而永陵圣号碑的碑是由上小下大九级方台组成。其中，五级主要的方台自上而下分别雕刻二龙戏珠、如意云、宝山、海浪图案，因此不仅更加别有新意，而且暗合了"九五"至尊之意。

其五是宝山的顶部，由前七陵自然隆起的山丘形状，改为上小下大的类似圆柱体形状。并且被后来的昭、定、庆、德四陵沿用。

另外，永陵祾恩殿、祾恩门御路石雕的左升龙、右降凤，配以海水江崖的"龙凤呈祥"高浮雕图案也都是其前各陵没有的。长陵祾恩殿、祾恩门御路石雕为升降龙、海马图案，景陵为二龙戏珠图案，其余五陵均为五路"卍"字云图案。

第三，是用料讲究，极尽奢靡。

前七陵的明楼在明朝时均为砖木结构，顶部为木结构的梁架，井口天花板。而永陵的明楼为砖石结构，顶部发砖券，无片木寸板。特别是明楼上下两层屋檐，从额枋到斗拱乃至檐椽、飞子、榜额等构件，都是由大块石料雕刻而成，然后组装在一起的。其外表完全仿木结构，上施油漆彩画，不仅美观壮丽，而且坚固异常，至今楼体仍是明代的原构，且完好无损。

宝城城垛前七陵都采用砖砌，永陵则选用打磨平整、色彩斑斓的花斑石垒砌。花斑石，明代文献也称"花版石"或"竹叶玛瑙石"。明朝时，产地主要有河北丰润、江苏徐州、河南浚县等地。文献记载，当时石料的开采非常不容易。嘉靖三十六年（1557）曾担任丰润县知县的曹光祖有一首描写花斑石开采情况的诗，记载在清光绪十七年（1891）所修《丰润县志》卷四"文苑下"中。诗中说：

浭水之北山之转，五色石上霞光绚。

天巧新抟碎玉峦，人工细切春冰片。

天生美石为人器，石生此地为人累。

寻山老匠夜经营，撼石壮夫日憔悴。

……

这首诗中说，在当地一条河流浭水的北面，转进一座山脉之中，山里的石材就像五色霞光一样绚丽多彩。天下的事情就是这么凑巧，朝廷开始让开采石料，致使这美好的玉石般的山峦被挖得支离破碎。这些石料被人工切开，打磨后就像初春冰片的纹理那样漂亮。天生的美丽石块被人们加工使用，这些石材生在这里，成为人们很大的累赘。年老的工匠们直到深夜还在山里寻找石料，年轻力壮的人用力地撼动石块，显得日益憔悴……

永陵所用垒砌城垛的花斑石，打磨平整光滑、纹饰美丽，装饰性极强。其产地应该就是徐州、丰润等地。曹光祖的诗，生动地描述了开采花斑石给百姓带来的沉重负担。

永陵祾恩门、祾恩殿的御路石雕，都是京西房山大石窝所产的洁白无瑕的汉白玉石料。其中，祾恩门前面的御路石雕，长6.4米、宽1.8米，是明十三陵御路石雕中的最大一块。

由于永陵用料考究，规制宏阔，明隆庆《昌平州志》卷二"重本志"记载永陵的陵寝情况时，作了如下评价："重门严邃，殿宇宏深，楼城巍峨，松柏苍翠，宛若仙宫。其规制一准于长陵，而伟丽精巧实有过之。"意思是说，永陵建造得就像天宫一样巍峨壮丽，在伟丽精巧方面，甚至还超过了明长陵。

那么，嘉靖皇帝为什么一反仁、宣、英、宪、孝、武六位皇帝从俭建陵的做法，超越礼制，把自己的陵墓修建得这么好、这么大、这么豪华呢？

这应该与嘉靖皇帝在特定历史环境下，所产生的皇权的膨胀意识有直接的关系。

前文述及，嘉靖皇帝以藩王世子身份入继大统，本想尊崇自己的父母，却遭到了以杨廷和为首的官僚集团的拼命抗争。史称"大礼议"。

这场斗争，从表面上看，嘉靖皇帝想尊崇自己的父母，完全是出于"孝诚"之心；大臣们反对，则是出于对传统礼制的一种维护。

但其实质上反映的却是封建社会皇权与官僚集团的权力之争。一方面，嘉靖皇帝是想不受任何约束地在包括议礼等事务上完全体现自己的意志，形成"君重臣轻"的绝对的君主专制局面；另一方面，以首辅大学士杨廷和为首的大臣们则是力图通过约束嘉靖皇帝的个人意志，发挥自己在政治和行政权力上的主导作用，从而造成"臣重君轻"的局面。

从议礼初期的形势看，以杨廷和为首的官僚集团，确实是在舆论场上占据了强有力的优势。杨廷和运用内阁的封驳权，在正德十六年（1521）四月至十二月的九个月里，先后四次封还嘉靖皇帝的御札，并且13次上疏反对嘉靖皇帝的意见，引得嘉靖皇帝对他常常愤恨不已。嘉靖三年（1524）七月的左顺门事件，为抗议嘉靖皇帝去掉其母亲尊号中的"本生"二字，竟有200多位大臣在左顺门外，从早晨一直跪到中午，要求皇帝收回成命。有的官员甚至用力摇撼宫门，引得群臣大哭，"声震阙庭"。

这一切，确实形成了对皇权的巨大冲击。尽管嘉靖皇帝运用皇权的威力，用刑罚手段对他们进行镇压，最终控制住了议礼的局面，但是在权力的天平上，他是不能容许"君轻臣重"的局面出现的。

因此，嘉靖皇帝一方面通过行政和司法手段，打击朝臣中的反对派；另一方面则通过大肆修建坛庙、宫阙、陵寝等礼制性建筑，在心理上对群臣形成强大的震慑作用。

汉朝初年，萧何建造豪华的皇宫，汉高祖刘邦认为太奢侈。萧何对他说：

"天子以四海为家，非令壮丽，亡以重威。"① 意思是说，天子以四海为家，如果不把宫殿修建得高大壮丽，就不能显示皇帝的威严。

所以，通过高大巍峨的陵寝建筑，对参拜陵园的臣子造成巨大的心理震慑，客观上会起到推崇皇权的效果。这正是嘉靖皇帝越制营建永陵的真正原因。

三、定陵仿永陵

永陵之后，嘉靖皇帝的孙子明神宗万历皇帝朱翊钧的定陵，是取法永陵制度修建的。

在明十三陵中，永陵规模仅次于长陵，为第二大陵。定陵则仅次于永陵，为第三大陵。其规模之大，就是神宗的父陵昭陵也不能相比。所以，当时的礼部侍郎朱赓得知神宗意欲仿照永陵营建陵园时特上疏进行规劝。

他在奏疏中说："昭陵在望，制过之，非所安。"② 意思是说，昭陵就在定陵附近，抬起头来就能看见。陵寝规模超过昭陵，心里会感到不安的。但朱赓的忠告并没有打动神宗，神宗将奏疏扣下来，留中不发，而陵园基本按照永陵进行建造。

定陵在规模上略逊于永陵的地方，一是左右配殿比永陵各少两间；二是宝城直径略小于永陵。但陵园建筑的宏伟精致一点不亚于永陵。特别是物料的筹办上，工部都提出了明确质量要求：石料，必须是"色鲜体坚"，就是既要色泽鲜艳，又要质地坚硬。砖料，则要求负责烧造的官员必须亲自检验质量，敲起来有声音，断开后没有孔眼，才许可发运。宝城垛墙的花斑石，

---

① 《史记·高祖纪》。
② 《明史·朱赓传》："帝营寿宫于大峪山，命赓往视。中官示帝意，欲仿永陵制。赓言：'昭陵在望，制过之，非所安。'疏入，久不下。已，竟如其言。"

则采自河南浚县。而定陵的营建用银，和长陵、永陵一样，都多达800万两。可见其工程之巨。

那么，神宗为什么超越父亲的陵制，一心要仿照祖父的永陵建造自己的陵寝呢？

分析起来，这应该与他童年即位的经历有关。明神宗万历皇帝，虚岁十岁即位。因为还是个孩子，没有处理国家政务的能力，所以他的母亲李太后，就让首辅大学士张居正辅佐他，并且赋予了他全权处理朝政的权力。

张居正是个卓越的政治家，他在万历前十年中，"慨然以天下为己任"[1]，在政治、经济等各个领域进行改革，使明朝出现了一段朝纲振作、经济发展的大好形势。

例如，他推行考成法，使千头万绪的朝廷政事，在各衙门中都能区别事情缓急，立有文案，定有期限，有监督，有检查，各项政令的贯彻执行都有始有终。形成了朝廷号令，朝下而夕奉行，雷厉风行的办事效率。

又如，他下令对全国的土地进行丈量核准，查出了大量的豪强瞒田漏税的情况，使国家的财政明显增强。到了万历四年（1576），京师储存的粮食，已经足够国家支撑八年之久。

另外，他在全国推行"一条鞭法"的赋役制度，不仅可以银代役，而且摊役入田，使无田和少田的农民减轻了力役的负担，从而缓和了阶级矛盾，促进了生产发展。

此外，他还任用戚继光、李成梁等优秀军事将领镇守边关，使边塞安宁，百姓安居乐业。

张居正的改革，使明朝在死气沉沉的逆境中，见到了曙光，国家逐渐走向富强。但是，他的政绩越大，也就越功高震主，越有架空皇帝的嫌

---

[1] 《明史·张居正传》。

疑。就像他自己所说的，他所处的位置是危险之地。他所处理的事，都是皇上的事；他所说的话，都是皇上应该说的话。这就在无形中侵犯了皇帝的权力。特别是万历皇帝逐渐成年，开始有自己的主见，虽然他还在一句一句"张先生"地叫着，言听计从，从不敢反驳张居正。但实际上，他早已不甘心自己"傀儡"皇帝的尴尬位置。他不能容忍受制于权臣的局面，所以万历十年（1582）六月，张居正去世，万历十一年（1583）他就对张居正进行了清算。追夺官阶、废除谥号，万历十二年（1584）又下令籍没张居正的家产，张居正的家人也受到了迫害。

也正是这一年，万历皇帝正式下令在大峪山建造自己的寿宫。张居正的死，使他觉得自己终于可以毫无阻碍地行使皇帝的权力了。这说明，定陵的越制营建，正是万历皇帝皇权膨胀意识的物化体现。

嘉靖皇帝、万历皇帝越制建陵的历史，反映出皇帝的皇权意识是陵寝制度奢俭和规模大小的决定因素。礼制的约束作用，在皇权意识膨胀的情况下是苍白无力的。

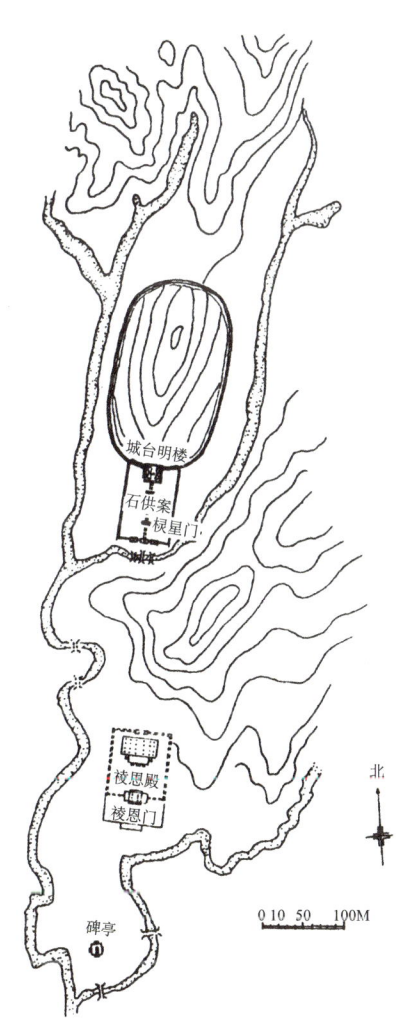

5·1·献陵平面图

第五章 永定越制

5·2·献陵二柱牌楼门与明楼

5·3·献陵明楼后宝山

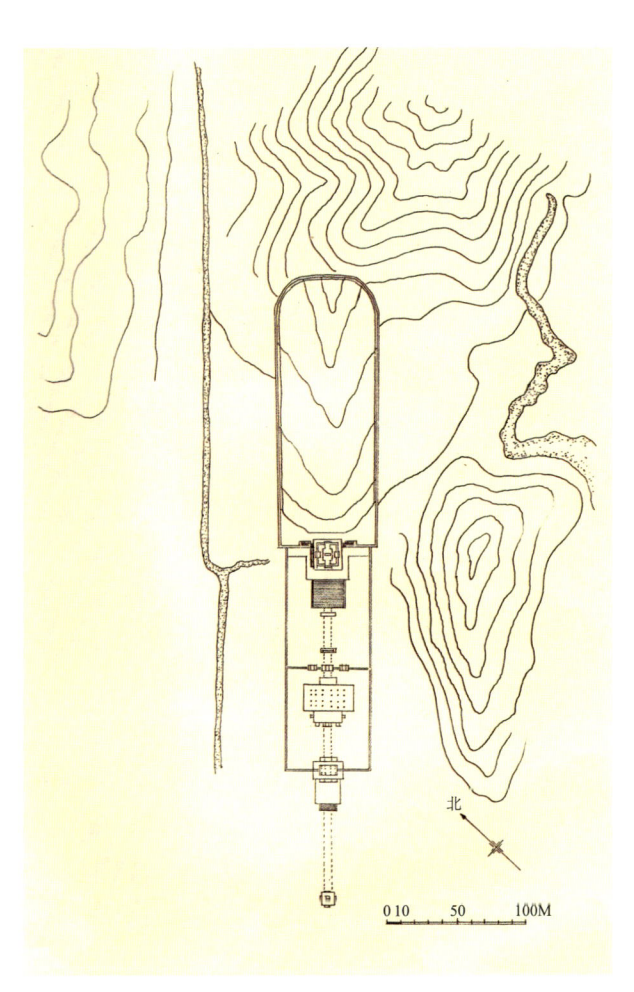

5·4·景陵平面图

探秘明十三陵

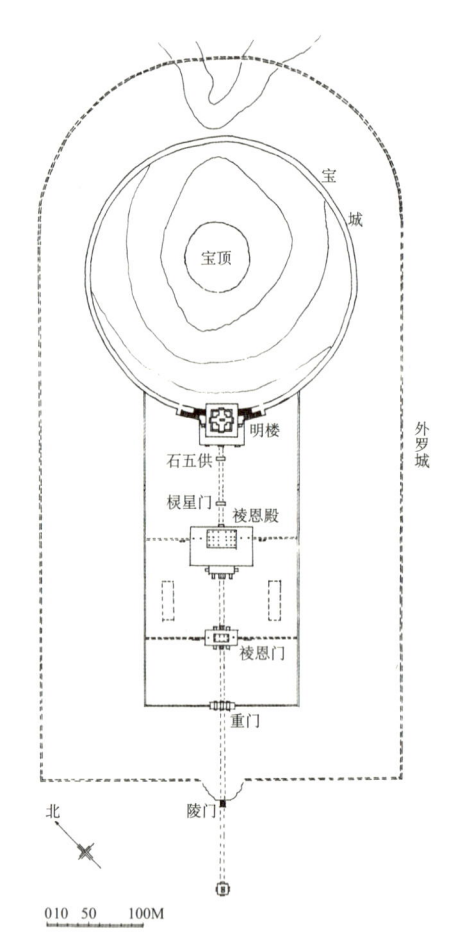

宝城
宝顶
明楼
石五供
棂星门 祾恩殿
外罗城
祾恩门
重门
北 陵门

0 10 50 100M

5·5·永陵平面图

5·6·明世宗朱厚熜画像

5·7·永陵明楼及陵后阳翠岭

第五章 永定越制

探秘明十三陵

5·8·永陵圣号碑

5·9·永陵明楼石雕斗拱及榜额

5·10·定陵明楼背面

5·11·永陵宝城花斑石垛墙

第五章 永定越制

5·12·定陵明楼琉璃山花

5·13·永陵祾恩门御路石雕

5·14·定陵及背后大峪山

5·15·定陵祾恩门石雕螭首

第五章 永定越制

5・16・明神宗朱翊钧画像

5・17・张居正画像

第六章

祖陵孙用

明十三陵中，有一座本来是祖父的陵，但是祖父没有用，最后被他的孙子用上了，那么，这座陵是明十三陵中的哪座陵呢？它的背后隐藏着哪些不为人知的曲折故事呢？

这座陵，就是明穆宗隆庆皇帝朱载垕的昭陵。

一、墓主隆庆皇帝

隆庆皇帝朱载垕是明朝第十二位皇帝，嘉靖皇帝的第三个儿子。生于嘉靖十六年（1537），嘉靖十八年（1539）封裕王。嘉靖四十五年（1566）十二月即位，第二年改元为"隆庆"。隆庆六年（1572）在乾清宫病故，享年36岁。

穆宗在位六年期间，最大的功绩就是妥善地解决了以前多年都没有解决的"南倭"和"北虏"问题。

所谓"南倭"，即东南沿海的倭患问题。明朝时东南沿海的倭患问题，与明代实行海禁政策有直接的关系。在明朝以前，官方通常是允许海上贸易的。朱元璋建立明朝后，因为逃到海外的敌对势力人数很多，对明朝构成了一定威胁，再加上朱元璋自身存在的重农轻商的小农意识，所以，明朝建立之初，朱元璋就下令实行海禁。

严厉的海禁政策，限制了中国海商的出海贸易活动，也限制了外国海商私自来中国进行交易，中外物品的交换被严格地限制在朝贡贸易范围内。其结果是断绝了东南沿海人民的生计，因为沿海地区土地瘠薄，大部分人要靠海吃海，不能与海外贸易，出海打渔又受限制，生活便没有了来源。

于是，海上走私贸易便越来越活跃，并出现了一些可以与明朝军队作战周旋的规模较大的海商集团。他们为获取最大利益，亦商亦盗，与日本海盗勾结，或雇用日本海盗做帮凶，或冒充日本海盗，对东南沿海地区肆行掠掳。因为日本人在古代时被称为"倭"，所以，这些有日本海盗参与的海商或者说海盗集团及其部众，便被统称为"倭寇"。

嘉靖时期，这种所谓的倭寇活动越来越猖獗，出现了王（汪）直、徐海等大海盗头目。他们有部众多达十余万人，在海上神出鬼没，战斗力极强。明朝虽然不停地使用武力进行剿捕，但收效甚微。甚至像戚继光、俞大猷这样出色的将领虽然在抗倭战斗中屡立奇功，但由于明代的海禁政策严重地违背了沿海人民的利益和愿望，倭患问题依然不能得到根本解决。

隆庆皇帝即位后不久，就采纳福建巡抚涂泽民请开海禁的建议，开放了福建漳州月港作为海上贸易的港口。由于沿海的人民可以下海捕鱼，也可以进行一些商贸活动，人们也就不愿意再冒险做海盗，倭患逐渐得到了平息。尽管隆庆时期海禁开放，在海商通商地点和物品的种类上仍然有所限制，却因此迎来了海疆的相对太平与宁静。

"北虏"问题，其实就是北方蒙古部族对明朝的侵扰问题。元顺帝被明朝军队驱赶到漠北后，仍有精兵十几万。洪武后期蒙古族分裂成鞑靼、瓦剌、兀良哈三大部。明太祖朱元璋为稳定国家边防，对蒙古族采取招抚措施，兀良哈部首先内附。但强盛的鞑靼、瓦剌两部不断地对明朝边境进行侵扰，兀良哈部则对明朝时叛时附，甚至与鞑靼或瓦剌合兵大举进犯明朝。

为解决这个问题，明成祖朱棣曾采取军事打击的方式，五次亲征漠北。

蒙古诸部虽然遭受重创，但随后又不断崛起壮大，依旧对明朝的边境造成极大威胁。

正统十四年（1449）甚至发生了明英宗朱祁镇被瓦剌部俘虏，数十万明军在土木堡全军覆没的"土木之变"事件；嘉靖二十九年（1550），蒙古鞑靼部首领俺答也曾经率兵越宣府，入古北口，围顺义、逼通州，大掠密云、三河、昌平等处地方，在北京城郊外肆无忌惮地大肆掠夺，史称"庚戌之变"。

而隆庆皇帝通过对蒙古鞑靼部首领俺答"封贡"这件事，很好地解决了长期困扰明朝中央政权的"北虏"问题。

所谓的俺答"封贡"，就是明朝给俺答一个封号，允许俺答向明朝贡马，明朝给他们一定的赏赐，并同意在边塞开放互市。俺答"封贡"后，蒙汉两族通过茶马互市，友好交易，化干戈为玉帛，使"北虏"战端的问题得到了很好的解决。

这件事是由俺答的爱孙把汉那吉因婚姻问题，与祖父俺答闹别扭，投奔明朝引起的。隆庆朝的君臣则通过优待俺答爱孙，并封俺答为顺义王的做法，使多年来蒙汉两族的矛盾得到了缓解。从此以后，明朝的北部边境几十年不闻金戈之声，蒙汉两族之间没有再出现大的冲突。

二、大峪山显陵之建与弃用

隆庆六年（1572）五月，隆庆皇帝病故。礼部左侍郎王希烈奉命前往天寿山选择陵地，选得了永陵左侧的潭峪岭（今德陵所在位置）。

此后，在首辅大学士张居正等人的建议下，万历皇帝决定采用大峪山作为穆宗陵寝的修建地点。

为什么不用潭峪岭而用大峪山呢？

根据当时的历史背景分析，主要原因是大峪山有现成的玄宫和部分地面建筑，稍事增筑，陵园就可大功告成，事半功倍，省时省力，节省开支。

那么，大峪山为什么会有现成的玄宫建筑呢？这座现成的玄宫建筑又是为谁建造的呢？

这还要回顾一下嘉靖朝的一些历史。

前文述及，嘉靖皇帝即位后，经过"大礼议"之争，于正德十六年（1521），追尊其父原兴献王朱祐杬为兴献帝，尊奉母亲蒋氏为兴国太后。嘉靖三年（1524）又追尊他的父亲为本生皇考恭穆献皇帝，尊奉他的母亲为本生圣母章圣皇太后。同年修葺陵庙，定陵名为"显陵"。

这时，有两位被革职的官员为讨好嘉靖皇帝，提出将埋葬在湖广安陆（今湖北钟祥）显陵的献皇帝改葬天寿山。这两名被革职的官员，一位是原锦衣卫百户随全，另一位是光禄寺录事钱子勋。

嘉靖皇帝命工部办理。工部尚书赵璜认为不能改葬。理由有三个：一是皇考已经安葬在那里几年了，不宜再改葬，惊动皇考神灵；二是显陵所在纯德山山川灵秀钟萃，改葬会泄露山川灵气；三是显陵是国家根本所在，不可轻动。

他还说：过去太祖高皇帝定鼎南京，却没有把父亲的皇陵从安徽凤阳迁到南京；太宗文皇帝迁都北京，也没有把父亲的孝陵从南京钟山迁到北京。现在陛下看待显陵，就像太祖高皇帝看待皇陵、太宗文皇帝看待孝陵一样，不应该有迁陵的举动。况且，显陵已经更换黄瓦，正准备修建明楼，树立石碑，设立神宫监、显陵卫。我还请示像孝陵、长陵一样，为显陵增置石像生。这样完全可以不迁陵了。如果按照随全、钱子勋的做法，就要挖开宝山，到地宫里挪动先帝棺椁，肯定会震惊先帝神灵。而且棺椁千里来京，跋涉山川，蒙冒霜露，这可不是仁人孝子应该说的话呀！他们是在为陛下谋划坏主意啊！

嘉靖皇帝让礼部组织官员对这事讨论。大家都说不应该迁陵。于是，礼部尚书席书上奏说：显陵是先帝安葬的地方，事情重大。过去高皇帝不迁祖陵，太宗不迁孝陵，都是出于慎重。我也曾经征询各位大臣的意见，都说显陵形胜，是真正的帝王幽宅。先帝封藏已久，不宜轻动。随全、钱子勋都是谄谀小人，妄议山陵，应该下法司问罪。

嘉靖皇帝还是心有不甘，说："先帝陵寝远在安陆，朕朝夕瞻望，不胜哀痛。其再会群臣，熟计以闻。"[1] 嘉靖皇帝的意思是说，显陵远在湖北安陆，自己每天早上、晚上都往南眺望父陵，心里特别悲痛。希望你们再好好讨论一下，拿出成熟方案，报告给我。

可是，经过群臣再次讨论，大家还是认为不应该迁陵。迁陵的事，这才被搁置下来。

但是，事隔十几年后，嘉靖皇帝的母亲章圣皇太后蒋氏于嘉靖十七年（1538）十二月病故。嘉靖皇帝忽然又对礼部和工部大臣说："朕皇考献皇帝显陵，在湖广承天府……山川浅薄，风气不蓄，堂隧狭陋，礼制未称。且阻越千里，宁免后艰，每一兴思，惕然伤怛。"[2]

嘉靖皇帝的意思是说，湖北显陵山川浅薄，也就是不够雄伟壮丽，因此风气积蓄不够；陵寝建筑狭小简陋，礼制不完备。而且，与北京相隔千里之远，以后自己祭奠父陵难免困难。他每当想到这里，心里就非常伤感。

他还说，最近三年来，每年春秋来天寿山拜谒祖先陵寝，他看周围的川原地理形势，发现在长陵的西南有一支山脉，叫大峪山。那里"林茂草郁，冈阜丰衍"，是个建陵的好地方。他非常满意，打算将父亲迁葬到这里。为此他特意卜告太祖高皇帝，得到了吉占。接着，他又征询两三位勋辅大臣，都说很好。

---

[1] 《明世宗实录》卷四三。

[2] 《明世宗实录》卷二一九。

所以，他命礼、工二部赶紧择日兴工。接着，指派武定侯郭勋总体负责山陵营建事，辅臣夏言、顾鼎臣一同负责山陵营造事，并总督工程。嘉靖皇帝告诉他们，这次营建山陵，不同以往，一定要尽心尽力，按时完工，做到尽善尽美。

随后，嘉靖皇帝亲到大峪山，确定了陵址。还下令大学士夏言和礼部尚书严嵩筹备迁葬父亲的事宜。

十二月十二日，大峪山显陵正式动工了。

但是，嘉靖皇帝是个做事变来变去的人，他突然又下诏说："迁陵一事，朕中夜思之。皇考奉藏体魄将二十年，一旦启露风尘之下，撼摇于道路之远，朕心不安。即皇考亦必不安，圣母尤大不宁也。"[①] 意思是说，迁陵这件事，他夜里反复考虑，觉得父亲安葬已经快二十年了。一旦迁陵北上，父亲的棺椁，就会摇晃在漫长的道路中，暴露在风尘之下。这样，不仅他自己心里不安，就是父亲的神灵也会不安，母亲的神灵尤其会感到不安宁。

所以，嘉靖皇帝又改变了主意，觉得还是把母亲章圣皇太后南祔显陵，与父亲合葬妥当。

但是，其实嘉靖皇帝心里始终还是在犹豫。他命锦衣卫指挥赵俊星夜驰赴显陵，与那里的官员一起打开显陵玄宫，看看里面进水没有，父亲的棺椁是不是安妥。他决定看看结果再作最后的决定。不几天，赵俊回来了，报告说显陵玄宫里面有水。

这时，有不少官员再次提议将显陵北迁。

嘉靖皇帝决定亲自去显陵察看。他在嘉靖十八年（1539）二月离京南下。三月，他派人通知大峪山管工官员，要他们按原定规制继续抓紧营建，

---

① （清）龙文彬：《明会要》卷一七。

务必在五月上旬内将玄宫造好。要"坚致完美，不许草率违误"[①]。

他来到显陵后，率领大臣骑马登上显陵后面的纯德山，经过仔细察看，决定在原有玄宫的后面另建一座玄宫，安葬自己的父母。于是，显陵就有了前后两座宝城。

然而，嘉靖皇帝在回京的路上，途经庆都尧母墓，他灵机一动，又想仿照尧的父母异陵而葬的故事，不迁父亲的棺椁，而将母亲葬于大峪山。

嘉靖十八年（1539）四月，大峪山显陵地下宫殿建成。嘉靖皇帝亲自去大峪山阅视陵工。这时，他又改变了主意，说：大峪山空荡凄苦，哪里有纯德山完美？还是把母亲葬到湖北显陵吧！

由于嘉靖皇帝始终处在犹豫不定、变幻无常的状态中，几经周折之后，这座新建好的大峪山显陵玄宫便空了下来。隆庆皇帝生前没有预建寿宫，此时正好用上。祖父的陵因此被孙子用上了。

隆庆六年（1572）七月，工部尚书朱衡从工地回来，向万历皇帝叙述了大峪山玄宫内的情况。他说，地宫里面"门堂干净，宛若暖室"[②]。万历皇帝听了十分高兴，随即命礼部议定隆庆皇帝的安葬事宜。八月，把孝懿皇后李氏从京西金山迁葬昭陵，九月，隆庆皇帝也被葬入陵内。像这样利用为别人所建的玄宫安葬帝后的，在明代还是第一例。

自隆庆六年六月万历皇帝下诏在大峪山建陵，陵寝地面建筑工程的营建就开始了。工程进展十分迅速，仅仅一年时间，昭陵的工程就全部完工。

但由于当时施工不细，才过了一年时间，在万历二年（1574）六七月的时候，因为连日大雨，陵园建筑便出现了地基沉陷的问题。所以，万历三年（1575）正月，昭陵再次修建，七月，陵工告竣。由于嘉靖年间已经

---

① 《明世宗实录》卷二二二。

② 《明神宗实录》卷三。

建好了地下宫殿，所以前后两次修建陵寝地上建筑只用银150余万两。

三、陵园建筑的特点

昭陵最终完工后，其陵寝制度有三个特点。

第一是陵寝规模在十三陵中属于中等。明十三陵中，规模比较大的是长陵、永陵和定陵三座陵，最小的是思陵，其余各陵都属于中等规模。这些中等规模的陵，从神道的设置来看，路途上仅建有桥梁和神功圣德碑亭。昭陵就是这样，神道上仅建有五空桥[①]、单空石桥各一座，陵前建神功圣德碑亭一座，亭后建并列单空石桥三座。这种规模的陵，祾恩殿和左右配殿各为五间，祾恩门为三间，而昭陵就属于这种规模。

第二是祾恩殿采用重檐歇山式屋顶形制。这一做法当是取法湖北显陵的祾恩殿。湖北显陵是嘉靖皇帝父亲的陵，嘉靖二十一年（1542）顾璘所著的《兴都志》记载，当时祾恩殿为"虎座重檐歇山转角，龙井天花"，即重檐歇山顶的建筑形制。当初嘉靖皇帝在这里建造"显陵"，虽然地上建筑没有建成，但肯定是有事先的规划的。而这个规划，在殿宇规制上是应该与湖北显陵一致的。因此，昭陵的祾恩殿，在明朝时应该也是重檐歇山顶的形制的。虽然天寿山献、裕、茂、泰、康等陵的祾恩殿都是单檐歇山顶形制，但昭陵不会是这样的，因为它的前身是"大峪山显陵"。

第三是首创明清帝陵的宝城"哑巴院"制度。

明十三陵，从献陵到康陵前后六陵，以及湖北的明显陵，宝城内的封土都是从宝城内紧贴墙根的排水沟以内开始夯筑宝山的，所以宝山的形状

[①] 古代桥洞数皆论"空"。如清顾炎武《昌平山水记》："自州西门而北六里至陵下，有白石坊一座……又北有石桥三空……棂星门北一里半为山坡……坡北一里，有石桥七空，又北二百步，有大石桥七空。"今人则俗以"孔"称。

呈自然隆起之态，体量不是特别高大。因为宝山地势后高前低，所以在宝山之前，都建有比较低矮的拦土墙。

但是，昭陵却不同。宝城内的宝山填得特别满，其周围最低处也几乎与宝城墙马道等高，宝山的正中部位筑有上小下大的柱形夯土墓冢，称为"宝顶"。宝山的前部有平面走势为弧形的高大的砖墙，名为"月牙城"。它与城台两侧的宝城墙内壁相接，形成了一个封闭的院落，人们俗称为"哑巴院"。

城台后的琉璃影壁也改泰、康等陵依墙而建的方式为一半嵌入墙体之内、一半露外的随墙而建的方式。

那么，为什么昭陵会采用这种封闭型的"哑巴院"形制呢？

这还要从永陵和昭陵宝城培土一事谈起。《明神宗实录》卷一一一记载，万历九年（1581）五月，工部上一道奏章，说：永陵宝城的黄土，从嘉靖十八年（1539）就开始填，到现在已经42年了，时间已经不短了，却十分还差其八。

万历皇帝看了工部奏章下旨说：皇祖永陵的宝城培土，怎么40多年还没完成？如果继续用陵军和班军，恐怕还会拖下去。就按你们的意见，雇人来填吧。但是要规定完成时间。

万历皇帝接着说：我以前拜谒父亲的陵墓，见昭陵宝城的黄土也不够高厚，就一起填吧。两个陵宝城填土的事，都不能苟且了事。

这样一来，永、昭二陵宝城的黄土同时加培，大臣们恐落下"苟且了事"的罪名，自然就按同一规制培筑了。这就是昭陵宝顶与永陵相同，却与长、献、景、泰等陵都不同的原因。

由于封土培高，冢前的拦土墙、排水系统、照壁形式，与宝城、方城的关系都要重新考虑，于是形成了陵区内第一座封闭型的"哑巴院"的形式。

这种形式的"哑巴院"最突出的特点就是，宝山前拦土墙大幅度增高，不仅满足了以永陵为模式在宝城内填满黄土的需要，而且城台下的甬道和宝城内通向明楼的左右转向坡道也可以继续使用，不致被封土下滑后掩埋。可以说，这是个两全其美的设计方案。

也许有人会问，昭陵的"月牙城""哑巴院"会不会原设计就是这样，是原来拟定好的创新之举呢？

从昭陵营建的历史背景来看，不会是这样的。首先，从整个陵寝建筑的规制来看，昭陵是取法湖北显陵的，而显陵的宝城等建筑的规制又都是按泰、康等陵形制建造的。所以，昭陵当初的宝城规制应该是和泰、康等陵一样的。

其次，昭陵营建的时候，正是张居正执政期间。张居正受孝定皇太后李氏之托，辅佐年幼的神宗皇帝，正身体力行，以务实的精神锐意改变时弊，他虽对先帝陵寝的建造态度十分认真，但绝不会将精力花在陵制的创新上。因为这样的创新只会增加陵工的工程量，加大用度，而当时张居正却是千方百计在考虑着如何开源节流，从各个方面节省国家的财政支出。这一点从万历皇帝在隆庆六年（1572）七月敕谕工部尚书朱衡的内容也可看出。万历皇帝的敕谕要求，昭陵的营建，既不可因陋就简，也不宜浪费糜财。

可见，昭陵宝城的原有设计，应该和献陵、泰陵、康陵，乃至显陵等陵一样，是"宝城小、冢半填"的形式。因为只有这样的设计，才符合万历皇帝当初营建昭陵时所提出的既不"因陋就简"，也不"浪费糜财"。

因此，昭陵这种封闭型的"哑巴院"形制，应该是在万历皇帝要求像永陵那样宝城满填黄土的情况下，所产生的一个新的设计方案。

昭陵成熟的"哑巴院"形制，使宝城内的宝山形象更为高大。所以为后来的明光宗庆陵和明熹宗的德陵继续沿用，甚至影响到后来清代的皇陵制度。

"哑巴院""月牙城"的名称正式出现在文献上，则见于清代样式雷所绘制的清代帝陵图样。

过去，有一种传说认为，朝廷建陵时怕泄露陵寝地宫的秘密，都是用哑巴工匠来施工的，所以称为"哑巴院"。其实，这是经不起推敲的。因为明清两代的文献都没有这样的记载。何况，陵寝营建，每日成千上万人在施工，哪里有那么多哑巴？而且，哑巴如果认识字，或者会画图，同样也能将陵寝秘密泄露出来！所以说，当时的施工组织者，是肯定不会作出这样的决策的。

那么，这个宝城之内的小院为什么被称为"哑巴院"呢？

其实，这应该是一种比喻的说法。就像"月牙城"，因为墙体略带弧形，像个月牙，所以有了那个名字。"哑巴院"也是如此，因为这个小院处在宝城的入口处，迎面就是月牙城的照壁，而且，月牙城的两端又与宝城墙连接在一起，形成了一个封闭的院落。这就像一个人被堵住了喉咙一样，说不出话来，像个失语者一样，所以才被称为"哑巴院"。

四、合葬皇后

昭陵的墓主是隆庆皇帝，那么，与隆庆皇帝安葬在一起的皇后是哪位呢？

与隆庆皇帝安葬在一起的皇后一共有三位。

第一位是孝懿庄皇后李氏。她是隆庆皇帝当裕王时的妃子，北京昌平人。因为她去世时的身份是裕王妃，所以葬在了京西金山。隆庆皇帝即位后，追尊她为皇后，隆庆六年（1572）八月迁葬昭陵。

第二位是孝安皇后陈氏。她在万历皇帝即位后，被尊为"仁圣皇太后"。万历二十四年（1596）病故，葬入昭陵。

第三位入葬昭陵的是孝定皇后李氏。她是北京通州永乐店人，万历皇帝的生母。万历皇帝即位后，被尊为"慈圣皇太后"。

孝定皇后出身寒微，她的父亲叫李伟，原来是个泥瓦匠。家里非常贫穷。为了生计，孝定皇后还在很小的时候，就被她的父亲卖给了当地的一个富户陈家。陈家有一位小姐，就是前面所说的孝安皇后陈氏。两人年纪差不多，相处得非常好，就像亲姐妹一样。后来，陈家的小姐被选为裕王继妃。孝定皇后到裕王府看望陈皇后，被隆庆皇帝（当时的裕王）看到，于是她被留在了王府。隆庆皇帝即位后，封她为皇贵妃。

孝定皇后对儿子万历皇帝管束得非常严格。万历皇帝即位时，年方十岁。孝定皇后为了照顾万历皇帝的起居，特意住到乾清宫。每当万历皇帝不好好读书时，孝定皇后就会罚他长跪。经筵讲读后，孝定皇后都会让他模仿讲官那样，把学过的课文复述一遍。遇到上朝的时候，天刚五更，孝定皇后就到万历皇帝的床前喊："皇帝起床。"让左右内侍给打水洗脸，然后把他扶到轿子上去上朝。

孝定皇后对娘家人要求也很严格。她把父亲用过的瓦刀等工具封存在匣子里，每当娘家的子弟提出过分的要求，孝定皇后就让人把瓦刀拿出来，对他们说："过去我们就是靠这个生活的。现在已经富贵了，还不知足吗？！"

万历五年（1577），她的父亲身为武清侯，却在为军队制造布匹时，以次充好，从中牟利。结果，引起军士哗变。孝定皇后把李伟父子召进皇宫，让内官对他们严加训斥，从此以后，她的父亲才不敢再做违法的事。

万历六年（1578），万历皇帝大婚。孝定皇后将要返回慈宁宫。她特意嘱托大学士张居正要多多教导万历皇帝。张居正在万历初年的政治改革，也正是因为得到了孝定皇后的支持，所以才取得了显著成效。

孝定皇后于万历四十二年（1614）去世，享年70岁；同年入葬昭陵。

6·1·昭陵全景

6·2·明穆宗朱载坖画像

第六章 祖陵孙用

131

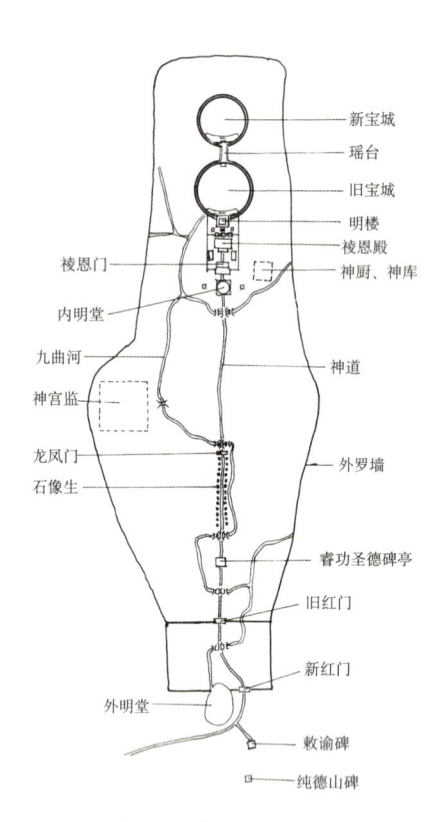

6·3·显陵平面示意图

6·4·兴献王朱祐杬画像

6·5·显陵内明堂及陵宫

第六章 祖陵孙用

6·6·昭陵三座桥、祾恩门

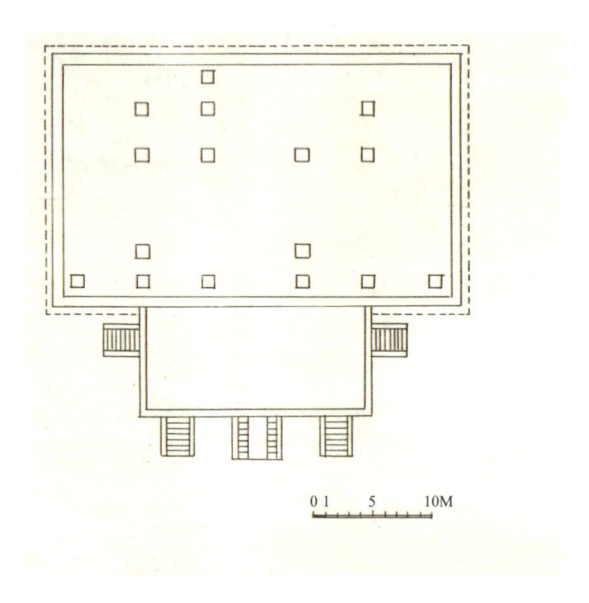

6·7·明昭陵祾恩殿残存明代柱础石分布图

6·8·泰陵宝城内

6·9·显陵后宝城"哑巴院"

6·10·昭陵"哑巴院"

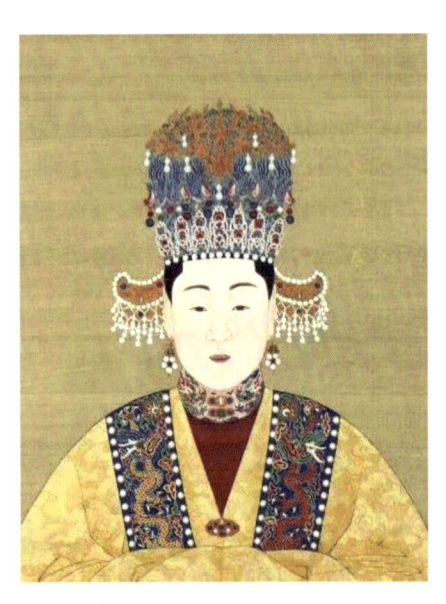

6·11·孝懿庄皇后李氏画像

6·12·孝定皇后李氏画像

第七章

玄宫迷雾

皇帝陵寝中最富于神秘色彩的部分，是安葬帝后的地下宫殿，也就是古代文献记载的"玄宫"建筑。因为它是埋在地下的，人们看不见，所以地下宫殿的里面到底什么样，皇帝皇后是怎么埋的，里面有什么精彩的故事，就成了人们关注的焦点，也是人们最想了解的内容。

目前，明十三陵中唯一已经打开地下宫殿的陵，就是明神宗万历皇帝朱翊钧的定陵。这是我们国家第一座按计划进行考古发掘的帝王级陵墓。

这座陵的考古发掘，原本只是为发掘永乐皇帝的长陵进行的一次"试掘"。1955年10月15日，中国科学院院长郭沫若、北京市副市长吴晗、文化部部长沈雁冰、《人民日报》社社长邓拓、中国科学院历史研究所第三所所长范文澜、全国人民代表大会常务委员会副秘书长张苏六人联名上书国务院，请示发掘明长陵，11月3日获得国务院的批准。当时的发掘工作主要由北京市副市长吴晗负责组织和协调。考虑到长陵规模较大，决定先选个陵园进行试掘，以便积累经验。当时曾考虑的试掘对象有永陵、献陵、定陵三陵。最后，由于在定陵宝城右前方的城墙残坏处发现有券洞的痕迹，考古人员认为可能是墓道，最终选择定陵作为试掘对象。1956年5月，定陵的试掘工作开始，历经一年的时间，试掘成功。因为后来出于文物保护的考虑，长陵不再发掘了，所以定陵的所谓"试掘"也就成了正式的发掘。

然而，定陵地下宫殿的石门洞开之后，里面的情景却让人大吃一惊！

地下宫殿里面，一帝二后的棺椁和陪葬品都在后殿的棺床上，左右配殿的棺床上却空空如也，虽有棺床之设，却没有任何人安葬在里面。基于此因，曾经有人怀疑这是万历皇帝和他的原配皇后孝端王氏入葬时场面混乱造成的。

《明熹宗实录》卷一记载，万历皇帝和孝端皇后的安葬过程确实比较混乱。泰昌元年（1620）九月二十八日上午，帝后的棺椁开始从皇宫抬出。由于棺椁太重，到了中午，才抬到大明门。当时负责抬送帝后棺椁的是三大营官军8000人，但是这些军人都不擅长肩抬重物，抬棺椁的杠子和绳索又时常更换，所以行走非常缓慢，到了夜晚，才到达德胜门。护丧官员只得传示五城兵马司，再增加600人，第二天才得以继续北行。二十九日夜里，帝后棺椁到达北京城北的巩华城，距离定陵还有38里。这时突然出事了，抬棺椁的主杠——拖灵龙木，"咔嚓"一声断裂，棺椁右角坠地。抬灵人员赶紧更换主杠。随后，应该在这里举行"尚食礼"的仪式，也就是在帝后的棺椁前烧香上供，进献饮食。但是，主祭的内官连呼"献爵"，竟然无人答应。由于抬送棺椁整整用了四天时间，拖延了时间，负责抬送帝后棺椁的神机营把总官还被革了职。

莫不是两位皇后本来应该放在左右配殿，送丧人员慌乱之中错把两位皇后安放在了后殿？还是地宫后殿本来就是安放帝后的，那左右配殿空置的棺床又应该作何解释呢？另外，定陵的地下宫殿制度是独此一例，还是代表了整个明代帝陵的地宫制度呢？我们将通过定陵地下宫殿制度的分析，为大家拨开这一团团迷雾。

一、定陵地宫布局的设计理念

定陵地宫的布局可以用"五殿三隧"进行概括。

所谓"五殿"，是指定陵的地下宫殿由五座大殿组成。这五座大殿按照前、中、后、左、右五个方位设置，并且以中殿为中心，连成一体。五座大殿的结构，都是由大块石条采用拱券形式垒砌而成的。总面积为1195平方米，是一座大型的地下建筑群。

所谓的"三隧"，是说定陵地下宫殿的隧道共有三条。主隧道经考古发掘，证实由砖隧道和石隧道组成，砖隧道从宝城南侧的隧道门进入，到达明楼之后；石隧道，从明楼之后，通达地宫前殿之前的金刚墙。左右配殿也各设有隧道，从左右配殿通往隧道的石门位置来看，这两条隧道都经由地宫的后方：左配殿隧道，在宝城石条对应位置，标有"左道"；右配殿隧道，在宝城石条对应位置，标有"右道"。虽然两条隧道没有经过发掘，但左右配殿都有石门可以通达殿外，说明左右配殿是另有隧道的。

当时，万历皇帝的地下宫殿为什么要采用这样的布局，文献没有直接的记载。但是，有一条线索为我们指点了迷津。那就是定陵的陵寝制度是仿照嘉靖皇帝的永陵修建的。这一点，从这两座陵的地面建筑完全可以看出，这两座陵，从外罗城到祾恩殿、明楼、宝城，除规制大小稍有不同外，几乎就像一个模子复制出来的。甚至连通往地下宫殿的隧道门的位置也一模一样。因此，定陵的地下宫殿仿自永陵应该是没有什么问题的。

那么，永陵的地下宫殿又是什么样的规制呢？

永陵的地宫虽然没有发掘出来，但是文献还是有所披露的。《明世宗实录》卷一八七记载，嘉靖十五年（1536）五月，嘉靖皇帝朱厚熜在讨论永陵的营建时，曾对辅臣李时、夏言等说："寿宫（指永陵）规制宜逊避祖陵，节省财力……地中宫殿器物等旧仿九重法宫为之，工力甚巨，此皆虚文，且空洞不实，宜一切厘去不用。"

意思是说，寿宫（永陵）的建筑规制，比长陵要小，要节省财力。过去，前辈陵寝的地下宫殿以及器物的安置，都是仿照九重法宫建造的。九重法宫究竟是什么呢？下面再单独解释。嘉靖皇帝认为，如果地下宫殿按照九重法宫格局修建，工程太大，而且是空洞不实的虚文，应该不再采用。

但是大臣们对嘉靖皇帝一心要仿照长陵建造寿宫的真正用意是心领神会的。于是，大臣们上奏说："皇上亲为卜兆，惓惓以避尊节财为谕，执谦虑远，臣等所当将顺，但恐过于贬损，无以称臣子尊崇之礼。其享殿、明楼、宝城，拟请量依长陵规则，其地中宫殿等项，仍请稍存其制。"①

大臣们的意见说得很明白，就是皇上亲自选择陵地，又真心实意地要规避祖陵长陵、节省财力，真是谦逊又有远见。我们做大臣的本应该顺从皇上的心意去规划，但是又怕陵寝建造得太过简陋，没法体现臣子对皇上的尊奉和崇敬之礼。所以，我们建议享殿、明楼、宝城等建筑还是要大体仿照长陵的规制，至于地下宫殿，还请稍微保持原来的制度。

大臣们的意见自然得到了嘉靖皇帝的同意，他传旨："俱如拟，其未尽事宜，俟朕亲往决之。"②就是都按你们这些大臣说的办。没有考虑到的事，等我去了亲自决定。

从上述文字中不难看出，有两个信息点：

一是过去长陵等陵的地下宫殿是仿照九重法宫建造的；

二是永陵地下宫殿的建造，大臣们的建议虽称"稍存其制"，实则是一种文饰之词，真正的意思是仍旧仿九重法宫建造。

那么，什么是九重法宫呢？

"九重"指的是皇宫，这是毫无疑问的。那么，"法宫"所指是什么呢？

其实，"法宫"应该指的是古代天子所居住的宫廷建筑。例如，《汉书·晁错传》记载："臣闻五帝神圣，其臣莫能及，故自亲事，处于法宫之中，明堂之上。" 即晁错对皇上说：我听说上古时代的三皇五帝中的五帝，都

---

① 《明世宗实录》卷一八七。
② 同上。

非常圣明。他们的臣子们都没有他们有能力，所以他们总是身体力行在"法宫"和"明堂"中处理政务。

那么，"法宫"和"明堂"又是怎样的建筑呢？

在古人心目中，"法宫"，就是上古时期君王居住和日常处理政务的殿宇，也称为"路寝"或者"正寝"；而"明堂"则是天子接见诸侯、祭享上帝和临朔布政的殿堂。两者的建筑功能虽有差异，但布局规划是基本一致的。①

在明朝人看来，皇宫里的奉天殿就相当于上古时期的"明堂"。皇帝日常所居的乾清宫，乃至整个皇宫内廷建筑，则相当于上古时期的"法宫"。对于这一点，《明实录》等明代文献中有多处记载。

那么，明朝的"法宫"，也就是皇宫内廷建筑，具体来说又包括哪些建筑呢？

其中轴线上主要有三座建筑：前面是乾清宫，是皇帝居住和处理日常政务的地方；后面是坤宁宫，是皇后居住的地方；中间是交泰殿，是两宫之间的穿堂建筑，属于帝后共用的建筑。交泰殿的东西两面，东面是东六宫，西面是西六宫，是妃嫔居住的地方。

明朝的内廷建筑为什么要规划设计成这种格局呢？

这是因为，明代的宫廷建筑的规划设计，都是以儒家心目中周代的宫廷建筑为基本蓝图的。而儒家心目中的周代的宫廷建筑是一种"井田"式的格局。这一点正如嘉靖年间大学士杨一清所说："臣按明堂之制，始于黄帝……周人则谓之明堂乃王者所居，以出政治之所，其规法'井田'，

---

① 《永乐大典》卷七二一三"堂"字"明堂诗文之三"引（汉）郑玄注《礼记·玉藻》："天子庙及路寝皆如明堂制。"又，同书引（宋）景文公《集议明堂、路寝》："凡明堂、路寝，其名虽异，其制一也。"

随四时方向，坐以朝诸侯，施政令。"①

所以，明代的皇宫，无论是从整体来看，还是从外朝或内廷建筑来看，都是"井田"式的格局。从皇宫整体布局来看，是以宫室为中心，"面朝背市，左祖右社"的布局；外朝建筑以三大殿为纵轴，文华殿居东，武英殿居西；内廷建筑以乾清宫、交泰殿、坤宁宫为纵轴，东六宫、西六宫分居左右。处处都可以看到"井田"格局的影子。

而前所述定陵地宫五座大殿的布局，与皇宫内廷建筑的这种"井田"式的布局，正好存在一一对应的妙合关系。

其中，定陵地宫的前、中、后三殿尊居中路，与明代皇宫内廷建筑中乾清宫、交泰殿、坤宁宫三座建筑的布局相合；左右配殿对称地分布在中室左右，又与对称于交泰殿东西两侧的东西六宫布局相合。因此，定陵地下宫殿的布局也是一种"井田"式的格局。

定陵玄宫制度的这一特点，无疑是我国古代丧葬制度的核心"事死如事生"礼制观念的体现。也就是说，定陵地宫的五殿，反映着皇宫内廷建筑的一些特点。

其中，前、中、后三殿，因为象征着乾清宫、交泰殿、坤宁宫，所以属于皇帝、皇后的殿室。在建筑设计上，这三殿室尊居中路；并且三殿室的石门都有精美的石雕门楼，门扇上的门钉也是纵横各九排，以显示帝后的地位。当然，墓葬建筑与皇宫内廷建筑的对应关系只是大致的，不可能在每个细节上都一模一样，所以，定陵地宫中路的三殿，只有后殿设有棺床，因为这样更便于帝后梓宫从前殿进入，经中殿到后殿安葬。中殿则设有帝后的神座、五供、长明灯等陈设物。而前殿只具有中路殿室的象征意义，并没有陈设什么物品。

---

① 《明世宗实录》卷七六。

而左右配殿，因为是象征妃嫔所居住的东六宫和西六宫，所以在设计上，让它们屈居中路的左右两边，并且与中殿相通，就像东西六宫与交泰殿相通一样。配殿的石门没有门楼雕饰，门扇上也没有门钉雕饰，以朴实无华的风格显示其象征妃嫔所居的从属地位。

另外，定陵地宫隧道的设计，也体现出中路三殿和左右配殿在礼制方面的一些特点。

其中，前、中、后三殿都是石门设在前方，与地宫前的主隧道相通，这是因为皇帝、皇后的棺椁，都是从皇宫的正门，也就是端门、午门、承天门、大明门出去的。而定陵地宫的左右配殿通往外面的石门，对应的方位是地宫后"左道""右道"的刻字位置，也就是地宫的后方。这是因为妃嫔入葬时，棺椁是从皇宫的后门——玄武门（清代改名为神武门）出去的。

正是这样的原因，当人们走进神秘的定陵地下宫殿时，才会发现这样的事实：明神宗万历皇帝朱翊钧和他的两位皇后的棺椁都停放在地宫后殿的棺床上。这是完全符合明代玄宫制度的规划设计的，也是明朝礼制的体现。因此，它绝不是送葬官员因为慌乱而随意处置的。

既然明陵地宫的左右配殿是为妃嫔准备的，定陵的左右配殿为什么是空的，没有安葬万历皇帝的妃嫔呢？

其实，万历皇帝生前还真想把自己的敬妃李氏葬入定陵地宫的右配殿的。

《万历起居注》四函五册记载，万历二十五年（1597）三月二十九日，万历皇帝的敬妃李氏病故，鉴于李氏"侍奉敬慎，诞生皇子"，万历皇帝特命追谥她为皇贵妃，并拟"著葬于寿宫右穴"，也就是葬在定陵地宫的右配殿。

但是，当时的内阁大臣张位、沈一贯认为，地下宫殿的左右配殿，初设之时可能是为妃嫔而设计的，但是为了防止山川灵气的泄漏，并没有为安葬妃嫔而预先开启皇陵地宫的先例。所以，最后万历皇帝同意了内阁的意见，将李氏葬在悼陵左侧的银钱山下。

由此可以得出结论，定陵地宫的左右配殿虽然从礼制的角度来看，可以安葬万历皇帝的妃嫔，但是为山川灵气不被泄漏，万历皇帝的妃子们事实上都没有葬入定陵地宫的左右配殿。

因此我们推测，在明代的帝陵中，除了殉葬妃子能跟从皇帝葬入皇陵的地宫里的配殿，其余妃嫔的安葬，为使山川灵气不被泄漏，都不会葬入皇陵地宫。所以，定陵地宫左右配殿没有棺椁葬入，就是十分合乎情理的事了。

二、其他各陵地宫制度

那么，定陵的情况会不会是孤证？其他陵会不会也是"五殿三隧"制度，并且是帝后合葬一殿，甚至在一个棺床上呢？

首先谈一谈其他各陵的地下宫殿是不是"五殿三隧"制度。

对于这一点，应该划分出两个时间段分别来说。从文献记载来看，从长陵至昭陵等九陵的地宫布局，应该都与定陵一样，属于"五殿三隧"的制度。

为什么这样说呢？除了前面所说永陵营建时，嘉靖皇帝曾有"旧仿九重法宫"的话，其他文献也有佐证。万历年间工科给事中何士晋曾编写《工部厂库须知》卷五"琉璃黑窑厂"，记录有各陵玄宫所用琉璃黑窑厂烧制的琉璃构件："各陵地宫上伏檐、下伏檐共九座。每一座吻五对，兽头八个。共吻四十五对，兽头七十二个。"

这里所说的各陵地宫上伏檐、下伏檐九座，是指每陵一座，所以九陵一共是九座，也就是长陵、献陵、景陵、裕陵、茂陵、泰陵、康陵、永陵、昭陵每陵一座。因为当时的定陵，还没有陵名，是被称为"寿宫"的，所以这里所说的九陵，是不包含定陵的。

这一记载清楚地说明，从长陵到昭陵等九陵地宫都是有琉璃瓦件组成的上伏檐、下伏檐的。这说明九陵玄宫上面是有琉璃殿顶的。吻是殿顶正脊两端的琉璃构件，明代一般是龙吻。无论是单檐或重檐，庑殿顶还是歇山顶，每殿的吻都只有一对。每座地宫有吻五对，说明每陵玄宫都和定陵一样由五殿组成。兽头估计是殿与殿之间相接部分琉璃顶脊端的饰物。五殿按前、中、后、左、右"井田"格局布置，计应有四个相接处：前殿与中殿之间一处，中殿与后殿之间一处，中殿与左右配殿各一处，所以共有四处。每处瓦顶两坡一脊、一脊用兽头两个置于两端。四个相接处，恰用兽头八个。

由此可见，定陵玄宫的五殿布局实际上沿袭的是从长陵到昭陵等九陵的玄宫制度。那么，定陵玄宫的外部形制自然也应和九陵一样，是装饰有各种琉璃构件的宫殿样式了。

另外，茂陵的地下宫殿，在20世纪90年代初，中国科学院地球物理研究所曾经运用微重力方法进行探查，发现茂陵的地下宫殿正是由前、中、后、左、右五座大殿组成的。

由此可以得出结论，在明十三陵中长、献、景、裕、茂、泰、康、永、昭、定十陵的玄宫都是这种琉璃瓦顶的五室结构形式的。

至于庆陵和德陵，则应该是只有前、中、后三殿，左右配殿因为没有实际用处而被去除了。因为庆陵的玄宫制度，明天启初年任工部营缮司主事的万燝所著《陵工纪事》的记载是，"陵寝有后殿、中殿、前殿，重门相隔"。

德陵在庆陵之后，其陵寝制度应该沿用庆陵制度。这两个陵同样是应该有琉璃瓦顶的。后来清朝帝陵的地宫制度，沿用的就是这种制度，并且，都没有左右配殿的设置。其中，清陵地宫的明堂券就是明陵地宫的前殿，清陵地宫的穿堂券就相当于明陵地宫的中殿，清陵地宫的金券就相当于明陵地宫的后殿，而且清陵的后殿有两重石门，符合"重门相隔"的布局。

其次再看各陵的帝后是否都安葬在地宫的后殿之中。

从文献记载来看，永、庆二陵帝后的安葬情况完全可以证实帝后都是合葬在地宫后殿的。

《明穆宗实录》卷二在记载隆庆元年（1567）三月，嘉靖皇帝和孝洁皇后陈氏、孝恪皇后杜氏的梓宫安葬永陵时，有"似当以次列祔"之说。"以次列祔"四字，显然是说明，嘉靖帝后是按照一定次序安葬在一个殿内棺床上的。

另外，明光宗泰昌皇帝朱常洛的庆陵则有更为明确的记载。明崇祯时期有一个太监刘若愚写过一本书，叫《酌中志》，这本书卷四《恭纪今上瑞征第四》记载了崇祯皇帝的母亲孝纯皇后刘氏的入葬情况：

早先在天启元年（1621）修建庆陵地下宫殿的时候，对于宝座，也就是棺床的设计，是正好容纳泰昌皇帝和他的原配皇后孝元贞皇后郭氏，以及明熹宗天启皇帝的生母孝和皇后王氏三位的梓宫。但是在施工中，负责营建的内官在原来棺床的设计尺寸之外，又增加了几尺。可能他们想到了万一将来还有人埋进来呢？结果等到天启七年（1627）十二月，崇祯皇帝登极后，要把自己的母亲孝纯皇后刘氏从金山迁葬到庆陵，发现棺床上正好能安放一帝三后四个棺椁。当时，护送圣灵的官员都赞叹不已。他们说，如果当时不把棺床尺度加大，天寒地冻，夜长昼短，既不敢停灵对地宫棺床进行增修，又不敢怠慢崇祯皇帝的生母，那可怎么办？！

据此可知，按照明朝礼制，皇帝、皇后就应该一同葬在玄宫后殿的棺床上。那么，明代有没有违反礼制，将皇后葬入配殿，并且被文献记载下来的呢？

确实是有的。那就是明英宗的原配皇后孝庄皇后钱氏。钱氏于成化四年（1468）六月去世，九月葬入裕陵。

《明宪宗实录》卷五六曾经记载钱氏入葬前开挖隧道的情况："成化四年秋七月……丙子……是日，命营葬事，于裕陵左开山破土。"

《明史·后妃传》在论及钱皇后葬裕陵时，说："九月，葬裕陵，异隧，距英宗玄堂数丈许，中窒之。"

从这两段文字我们可以得出两点结论：

一是钱皇后是被葬入裕陵地宫左配殿的。因为《明宪宗实录》的记载是在陵左开山（指宝山）破土挖隧道的，那么所挖到的隧道就相当于定陵宝城的"左道"，因此是通往左配殿的。

二是钱皇后所葬的左配殿与英宗所葬的玄宫皇堂（后殿）之间的甬道还被堵塞了。

我们曾经讲过，英宗的钱皇后之所以违反礼制被葬入裕陵地宫的左配殿，并且还被堵塞与英宗所葬后殿之间的通道，是在宪宗的生母、英宗的孝肃皇后周氏的授意下造成的。这应该是明史上极为特殊的一例，而且此后明朝的君臣都认为钱皇后之葬不合礼制。

为此，明孝宗曾经想把裕陵地宫钱皇后所葬的左配殿与英宗所葬的主殿之间的甬道通开，但鉴于前事木已成舟，陵墓内又不方便施工，所以最后还是不了了之。

三、自来石与地宫石门

最后讲一讲定陵地宫的七座石门以及顶门用的自来石，是怎么从里面将门扇顶住的。

定陵地宫的顶门石，在明朝称为"自来石"，所以可以看到定陵地宫前殿石门的顶门石上至今有墨迹保留，写着"玄宫七座门自来石俱未验"。

在定陵玄宫打开之前，各殿的自来石都是从里面顶住石门的。那么，人们因此会产生两个疑问：

第一，在玄宫发掘时，除帝后梓宫安放于后殿棺床之上，并未发现各殿堂之内有其他人的尸体，这说明帝后安葬时地宫里是没有人留在里面的。那么，石门关闭后，是谁在里面用自来石顶住石门的呢？

第二，自来石是从门内顶住两个门扇的，这种顶门的方式在明代应不是孤例。那么，明朝时如果帝后不是同时入葬的，后者入葬是怎样打开石门的呢？

只要认真分析一下自来石及石门的结构、放置方式，这两个问题就迎刃而解了。

原来，自来石都呈上下两端略宽，中间腰部略窄的长条形状。而与之相应的情况是，对开的两个石门扇的背面又各雕有突起的石坎，如果将自来石斜靠在两石坎之下，则自来石恰好顶住两扇石门，且自来石的顶端处在两石坎之下，其下端是处在门洞券地面的石槽内的，所以，即使外力推动石门，自来石也不会上下滑动。

由此我们可以推定，关闭石门时，人们只要按照一定的步骤进行，就可以在室内不留人的情况下，顺利地将石门关闭，并使自来石从里面将石门顶死。

步骤一，在室内预先将其中一扇石门关严。

步骤二，将另一扇石门推掩至门洞券地面石槽的内侧（与石门限相对的一侧），处于半掩状态。

步骤三，玄宫内的人将自来石的下端安放在石槽内，并竖起，使其上端靠在半掩的石门扇背后的石坎上。

步骤四，玄宫内的人侧身从半掩的门缝钻出门外，将半掩的这扇石门回拉关严，自来石便可在室内无人操作的情况下，随着半掩石门的关闭而顺势倾斜，其顶端从门扇背后的石坎之上逐渐下滑至石坎之下，将两扇石门全部顶死。

至于再次打开石门，则在对开的两扇石门关闭之后，两扇石门之间有大约3厘米的缝隙。这不是设计上的疏忽，而是为开启石门预留的。当时，人们开启石门用的工具名叫"拐钉钥匙"。《历代陵寝备考》记载，崇祯十七年（1644）安葬崇祯皇帝和皇后周氏时，就是用这种工具打开田贵妃地宫石门的。

现在虽然没有"拐钉钥匙"实物存世，但我们认为，这种工具一定是一件可以从门缝伸进去，前端像古代门钥匙那样设有卡钉的金属工具。而两卡钉之间的空隙应该正好能卡住自来石的顶部。这样，人们只要用拐钉钥匙卡住自来石的顶部，并将它推起立直，又不使其倾倒，就可以将其中一扇门开至半掩位置。这时，人们可以从门缝进入地宫，移开自来石，两扇石门就能够顺利打开了。

更多精彩 扫码观看

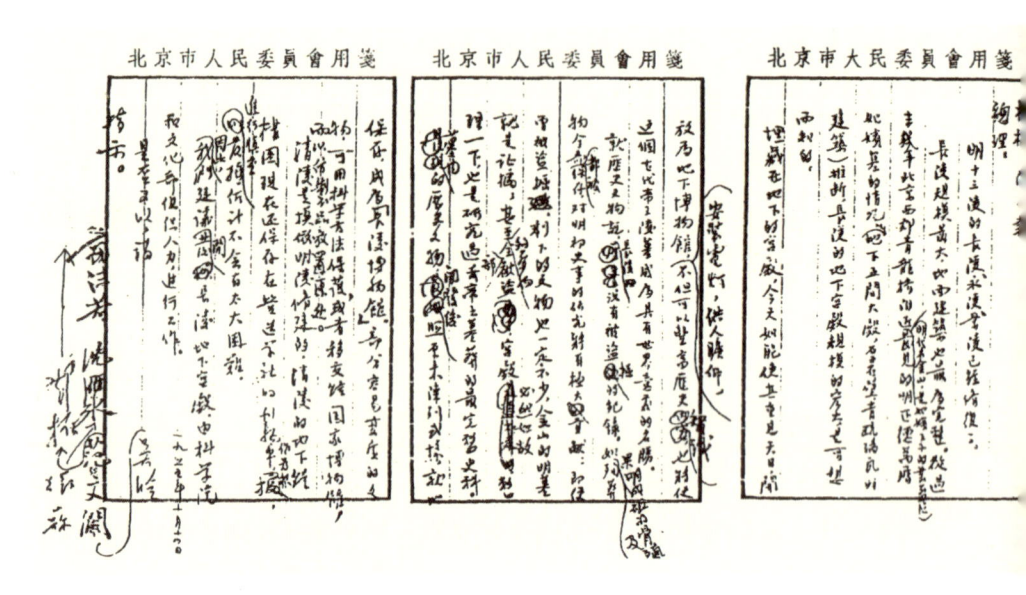

7·1·吴晗等上书国务院请示发掘明长陵手稿

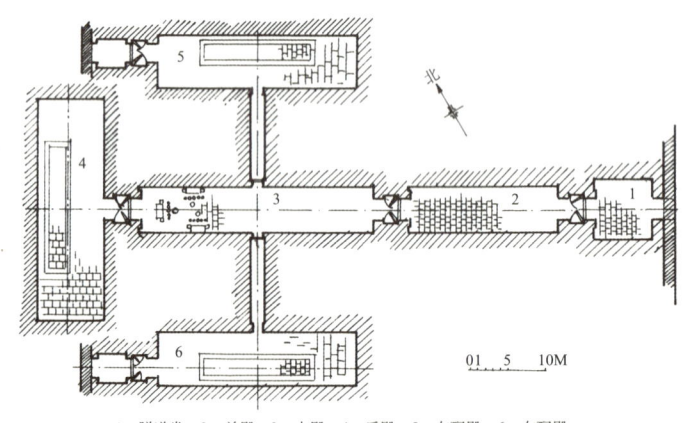

7·2·定陵地宫平面图

1 隧道券　2 前殿　3 中殿　4 后殿　5 左配殿　6 右配殿

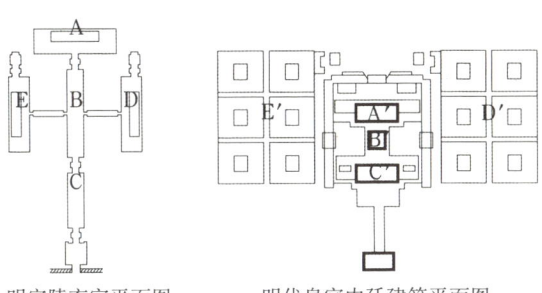

明定陵玄宫平面图　　　明代皇宫内廷建筑平面图

A 玄宫后殿　B 玄宫中殿
C 玄宫前殿　D 玄宫左配殿
E 玄宫右配殿

A′ 坤宁宫　B′ 交泰宫
C′ 乾清宫　D′ 东六宫
E′ 西六宫

7·3·定陵玄宫与明代皇宫内廷建筑对比图

7·4·定陵地宫后殿原状

7·5·定陵地宫中殿原状

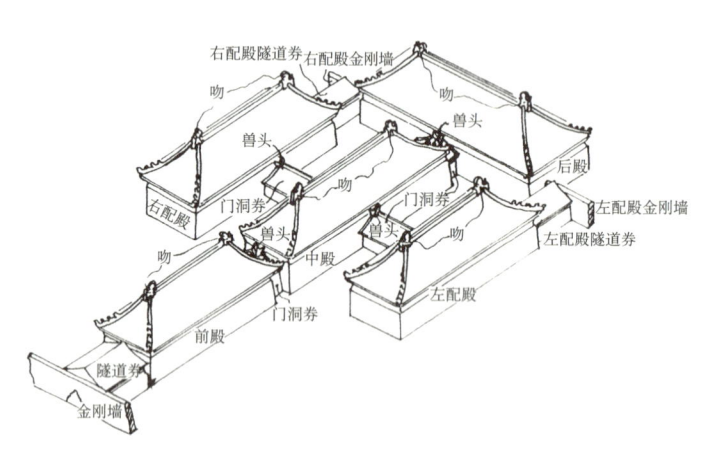

长、献、景、裕、茂、泰、康、永、昭、定十陵玄宫殿室吻、兽头分布想象图
（以《工部厂库须知》所记吻、兽头数量及定陵平面图为据，并参考清昌陵地宫图绘制）

7·6·十陵玄宫殿室吻、兽头分布想象图

第八章 瑰宝掇英

定陵地宫发掘后，皇帝皇后的尸骨如何？里面究竟出土多少随葬物？有哪些价值连城的稀世珍宝？这是人们非常关注和想要了解的内容。

一、帝后的葬式

定陵发掘成功后，发现帝后的棺椁和殉葬品都放在地宫的后殿中。后殿的棺床上奉安着皇帝、皇后朱红色的棺椁。万历皇帝的棺椁放在棺床的正中间，原配孝端皇后王氏的棺椁放在万历皇帝棺椁的左面（北面），光宗生母孝靖皇后的棺椁放在万历皇帝棺椁的右面（南面）。三具棺椁，都是"棺"放在"椁"的里面，"椁"相当于"棺"的外套。帝后棺的摆放方向是棺头朝后（西面），棺尾朝前（东面）。也就是说，帝后的头是对着陵后大峪山的，而脚则朝向陵前的方向。

地宫打开时，万历皇帝和孝端皇后的棺木残坏不太严重，孝靖皇后的棺木则腐朽严重。三椁之中，只有万历皇帝的椁保存略好，两位皇后的椁都腐朽得特别厉害。

棺材里面，都有被褥，还有一些随葬器物和丝织匹料、衣物等。帝后尸体上的衣着情况是，明万历皇帝身着红色的刺绣十二章衮服，头戴乌纱翼善冠，腰系玉带，脚穿高筒靴；两位皇后都是头戴棕帽，上身穿夹袄，下身穿裙和裤，脚穿鞋袜。帝后尸体的肉体已经腐烂，但是骨架完好。三具骨架中，两位皇后的骨架都是正常的。只有万历皇帝的骨架有些异常，他的右腿骨稍微有些内缩。

这是什么原因呢？

文献记载，万历皇帝生前右足有过疾病，所以才造成这一结果。《明神宗实录》卷五五四记载，万历二十四年（1596）七月，仁圣皇太后陈氏病故，万历皇帝因受惊吓，走路走得急一些，导致上火，又因服用"清眩"之药过量，落下了右足残疾。此后，因为走路艰难，起拜不便，万历皇帝每次拜见母亲慈圣皇太后时，慈圣皇太后都命人搀扶他行礼。直到慈圣皇太后去世三周年祭礼时，万历皇帝仍是由人"扶掖行礼"的。另外，《万历起居注》第四函也记载，万历皇帝在万历二十二年（1594）九月十七日曾对内阁官员说，自己"痰流注足，屡服药饵，以致软弱，且足心肿痛，不能踏地"。定陵出土的万历皇帝骨架证实文献记载是正确的，并且说明万历皇帝的右足是落下了终身残疾的。

定陵出土的随葬物，除了长明灯、琉璃五供和神座放置在中殿，其他的都出自后殿帝后棺内和棺床上南北两侧的器物箱。种类包括丝织匹料，帝后冠服、佩饰，金、银、玉、瓷等不同质地的宫廷器物，以及谥册、谥宝、圹志、明器、木俑等丧葬礼仪用品，定陵发掘报告统计，总数为2648件。

二、衣冠首饰

在这些众多的随葬品中，丧葬礼仪用品主要具有历史研究价值，其他的各类随葬品，不仅具有珍贵的历史研究价值，而且在艺术方面和科技方面同样存在重要价值，称得上是我国的珍贵历史文物，是不可多得的瑰宝。

定陵出土的冠带类随葬品，具有制作精美、富丽堂皇的特点。

属于冠类的随葬品，有万历皇帝的冕冠、皮弁冠、乌纱翼善冠和金冠，还有两位皇后的龙凤冠。

在万历皇帝的冠中，以金丝翼善冠最为精美。它的形制属于皇帝常服冠戴。所谓"常服"，就是皇帝平时穿的服装。服饰的特点是身上穿的是四团龙的龙袍，头上戴的是"乌纱翼善冠"。这种冠，因为冠后插有两个朝上的折角，所以又叫"乌纱折角向上巾"或者"冲天冠"。而"翼善冠"的得名，是因为冠后的两个向上的折角，突出冠上，就像"善"字上的一点儿和一小撇一样。这种冠，创自唐太宗李世民。定陵出土有两顶这种乌纱翼善冠，其中一顶是戴在万历皇帝头上的。

但是，这顶金冠却是金子做的翼善冠。这顶冠重826克，全部由黄金制成。这顶金丝翼善冠出自万历皇帝头侧的一个圆盒内。其样式与乌纱翼善冠一样，分前屋、后山和折角三部分。其中，前屋指的是帽壳前部低下来的部分，后山指的是帽壳后部高出的部分，折角指的是安装在帽后，向上竖起的冠翅。

此冠的这三部分，都是用0.2毫米细的金丝，编成精美的"灯笼空儿"花纹。由于当时的工匠技艺纯熟，所编花纹，不仅空当均匀、疏密一致，而且无接头、无断丝，就像罗纱一样轻盈透明。

另外，后山的前部装饰有二龙戏珠图案的金饰件，其中二龙的头、爪、背鳍和二龙之间的火珠，全部采用具有凹凸效果的阳錾工艺进行打制雕刻，呈现立体的浮雕效果。龙身、龙腿等部位则采用传统的掐丝、垒丝、填丝工艺进行制作，每个鳞片都用金丝搓拧成的花丝，然后掐制成龙鳞的形状，最后码焊成形。

由于工匠焊接时火候掌握得恰到好处，如此复杂的图案装饰，不露丝毫焊口痕迹。这样绝妙的技艺的确令人叹为观止。可以说，它的制作工艺达到了炉火纯青的地步。

皇后的龙凤冠，是一种以龙凤为主要装饰的皇后礼冠。龙凤冠的出现，始于宋朝。明朝的龙凤冠是皇后在接受册封、拜谒太庙、朝会时接受命妇朝拜时戴用的礼冠，其形制继承宋制而又加以发展和完善，因而更显雍容华贵之美。

定陵出土的两位皇后的龙凤冠共有四顶，其中孝端皇后和孝靖皇后每人各两顶。这四顶龙凤冠有两个特点：

一是龙凤数量与《大明会典》规定的皇后的龙凤冠"九龙四凤冠"都不相同。定陵出土的四顶龙凤冠，分别是"十二龙九凤冠"、"九龙九凤冠"、"六龙三凤冠"和"三龙二凤冠"。

乍一看，定陵出土的四顶龙凤冠，龙凤的数量多少似乎没有一定的规则。但如果我们把两位皇后的龙凤冠的龙凤数量分开来算，并且进行比较，就会发现龙凤数量的确定还是有一定讲究的。其中，属于孝端皇后的是六龙三凤冠和九龙九凤冠，总计是龙15条，凤12只；属于孝靖皇后的是十二龙九凤冠和三龙二凤冠，总计是龙15条，凤11只。也就是说，两位皇后的龙的总数是一样的，并且都比凤的总数多，这其实反映的是皇帝的地位要高于皇后，是古代夫为妻纲、君为臣纲的伦理纲常的反映。孝端皇后的凤比孝靖皇后的凤多出一只，则反映了原配皇后的地位略高于追谥皇后的地位。

另外，《大明会典》规定的龙凤冠，是金凤翠龙，而这四顶龙凤冠则都是金龙翠凤。这说明明代宫廷礼服并不一定都完全照《大明会典》规定的礼制去做，而是有所变通的。

二是四冠均造型奇巧、制作精美，并装饰有大量的珍珠宝石。

例如，孝端皇后的六龙三凤冠，龙全系金制，凤系点翠工艺（以翠鸟羽毛贴饰的一种工艺）制成。其中，冠顶饰有三龙：正中一龙口衔珠宝滴，面向前；两侧龙向外，作飞腾状，其下有花丝工艺制作的如意云头，龙头则口衔长长的珠宝串饰。三龙之前，中层为三只翠凤。凤形均作展翅飞翔之状，口中所衔珠宝滴稍短。其余三龙则装饰在冠后中层位置，也均为飞腾姿态。冠的下层装饰有珍珠围成的大小花朵，名为"珠花"，珠花的中间镶嵌红、蓝两色宝石作为"花蕊"，周围衬以"点翠"而成的翠云、翠叶。冠的背后安装有伸向左右方向的博鬓，左右各为三扇，每扇除装饰金龙外，也分别饰有翠云、翠叶及珠花，周围缀以左右相连的珠串。

整个龙凤冠，通高为35.5厘米，重2.905千克。共镶嵌红色和蓝色宝石128块，装饰珍珠5449颗。由于龙、凤、珠花以及博鬓均左右对称而设，而龙凤又姿态生动，这顶龙凤冠珠光宝气、金翠相辉，给人以端庄而不板滞、绚丽而又和谐的艺术感受，皇后母仪天下的高贵身份因此得到最佳体现。

定陵出土的革带有12条，包括玉带10条，大碌带和宝带各一条。其中，尤以出自神宗棺内的大碌带用料最为名贵。

大碌带出自神宗棺内中部南侧，因带下有黄色绢条，上有墨书"宝藏库取来大碌带"才知道它叫"大碌带"。带上装饰有镶珠宝金铐二十个。大碌带的珍贵之处在于其每个金铐的中心部位都镶嵌着大块的"祖母绿"宝石，祖母绿宝石的周围还嵌有一圈石榴籽红宝石及珍珠。

祖母绿宝石，又称"吕宋绿"宝石，古今都是极为贵重的工艺装饰品。明蒋一葵《长安客话》卷二《皇都杂记》记载："祖母绿……其色深绿，其价极贵，而大者尤罕得。"谷应泰《博物要览》卷六"志宝石"记载："默德那国产祖母绿宝石，石色深绿如鹦鹉羽。每颗重两许者，价至十余万换。"默德那国，也就是现在的沙特阿拉伯西部的麦地那等地方，明朝时那里出产的祖母绿宝石最为著名。

另外，明谢肇淛《五杂俎》卷十二记载，明朝时有个善于鉴定宝石的商人，游历于福建、广东、南京一带。在南京，他遇到一位姓应的主簿。应主簿手里有一颗祖母绿宝石。这颗宝石曾被一位富商看中，想用500两白银购买，而被应主簿拒绝。这位商人见到宝石后，爱不释手，他为了把宝石弄到手，"持玩少顷"，突然一口将宝石吞入腹中。应主簿见状又急又气，想到官府去告，却没有佐证，只好自认倒霉。由这个故事可以看出，祖母绿宝石在明代的确是珍贵难得的。

定陵出土的这条大碌带，上面的祖母绿宝石不仅块大，而多达20块，仅这一点在明代至少也要价值上万两白银。

定陵出土帝后簪、钗、耳坠等首饰多达240件。其中簪有199件，数量最多。而且多镶嵌宝石、珍珠，制作也最为精美。

以神宗的簪为例，其56件金簪中竟有14件金簪嵌有名贵的猫睛石。

猫睛石，又称"猫眼石"或"猫儿眼"，属于具有幻光性的金绿宝石亚种。该种宝石，古人说它"一线中横，四面活光，轮转照人"[1]。也就是宝石中间有一道横线，四面活光闪动，来回转动，像镜片一样有照人的感觉。这种宝石的产地，是明朝时被称为"细兰国"的地方，也就是现在的斯里兰卡。当时，一块小指肚大小的猫睛石就价值千两白银。

《五杂俎》卷十二还记载有这样一个故事：明朝时，南京有位富家老妾沈氏，头上所戴簪的顶部嵌有一块猫睛石，被一位商人看见。为了把这块猫睛石弄到手，这位商人特意租赁了房屋与沈氏为邻，还经常给沈氏送去酒食，以联络感情。一年后，沈氏感其诚意，终于将宝石卖给他，并且只收了二两银子。商人购得这块猫睛石高兴极了。他见宝石稍有不太光润之处，就特意买了一块羊脂玉，将那个地方包裹起来。可是有一天他放在烈日之下欣赏，一失神，宝石被一只饥饿的大鹰叼走。商人因此被世人嘲笑，回家后悔恨而死。由此可见，猫睛石的确是一种罕见且得之不易的宝石。

神宗有这么多镶嵌猫睛石的金簪随葬，且宝石质量极高，恰好反映了

---

[1] （明）田艺蘅：《留青日札摘抄》。

皇帝至高无上的地位。

定陵出土的耳坠仅10件。其中，设计最精巧的是孝靖皇后的金环镶宝玉兔耳坠。这件耳坠出自孝靖皇后棺内，本来是一对，但其中一件只存金耳环，缺耳坠。

这件精美的耳坠，通高5.8厘米。用于贯穿耳部的金环为圆形，其下连缀有一个高仅2.4厘米的玉兔坠饰。玉兔的造型取材于古老的"玉兔捣药"神话传说。这个神话传说早在汉代《乐府》诗歌里已经出现。传说玉兔捣药，制成药丸，人吃了可以长生不老成为神仙。后来，人们又把它说成是月宫的事。西晋傅咸在《拟天问》中写有"月中何有？白兔捣药"的诗句。

这件耳坠的设计十分巧妙：白玉雕成的兔子垂直站立，前面两肢合抱一玉杵，似在举杵用力捣药。杵下雕有玉臼。玉兔的头顶上镶有一颗红宝石，作为金环与玉兔之间的过渡性装饰。玉兔的下肢，双爪踏着一组镶宝金制"祥云"。这组云朵由三个云片组成，每个云片以金托双面镶嵌宝石。宝石的种类有红宝石，还有猫睛石。玉兔的双目则以小米粒大小的红宝石点缀，显得炯炯有神，其构思不同凡响，真可谓妙笔生花。这样的精品，在我国古代首饰设计史上也是不多见的。

三、帝后袍服

定陵出土的纺织品和各类衣物多达644件。其中，衣物类中，以神宗的衮服和孝靖皇后的刺绣百子衣最具有典型意义。

神宗的衮服共出土五件，有刺绣和缂丝两种。其中，刺绣衮服三件，一件穿在神宗身上，其余出自神宗棺内；缂丝二件全部出自神宗棺内。

为什么说这五件衮服最具有典型意义呢？因为它们有三大特点。

第一，这五件袍式的衮服上都有《大明会典》记载的十二章图案。而且制作精美，更显得章彩辉映、主题突出。

那么，什么是十二章图案呢？十二章图案是古代天子礼服上的装饰图案，起源非常早，至少在周朝时就已经形成制度。被古代儒家奉为五经之一的《书经》，也就是《尚书》里面的《虞书》篇中，已经记有十二章的名称，分别是日、月、星辰、山、龙、华虫、宗彝、藻、火、粉米、黼、黻。

这十二章图案装饰在古代天子的衣服上有什么意义呢？十二章的图案每一章图案都有一层深刻的寓意：

日、月、星辰称为"三光"，取其"照临"之意。

山，能行云雨，人所仰望，取其镇重之意。

龙，变化无方，取其神。

华虫为雉，也就是野鸡，其羽毛文采昭著，取其文。

宗彝，为宗庙祭器，绘虎、蜼二兽，取其祀享之意。又有一种说法认为，宗彝绘虎，是取其严猛；绘蜼，即一种长尾猴，是取其智。因为蜼遇雨以尾塞鼻是其智。

藻，即水草中有文者，取其文，取其洁。

火，取其明，取其炎上。

粉米，即白米，取其洁白能养人。

黼，因为是个斧子的形状，所以取其能断之意。

黻，形似繁体字"亞"字，而中间断开。其含义有两种说法：一说是古"弗"字，取"相弼"之意，也就是臣子辅佐、辅助君王的意思；另一说是两"己"或两"弓"相背，取臣民背恶向善之意。

这十二章图案，虽然古人的释意不尽相同，但都具有美化皇权的政治意义。

这五件衮服，在设计上以团龙为主体，计有12组团龙图案，其分布是，左右肩各一组，前襟、后背各三组，左右两侧各二组。

其余十一章，则是左肩为日、右肩为月，星辰、山分布于后背，华虫饰于两袖，宗彝、藻、火、粉米、黼、黻六章分别饰于前襟后背团龙的两侧。这样的安排，使象征"真龙天子"的帝王身份的龙，处在服饰中的主导地位，突出了皇权的尊崇地位。

第二，织造之精均不同凡响。以缂丝衮服为例，此种工艺起源于汉魏时期，织造时不用大型织机，而是采用通经断纬、小梭挖织的技术，故而独具特色。所用织造材料尤其珍贵。整件衮服使用了红、蓝、黄、绿等28种彩绒，特别是大量地采用赤圆金线织纬，采用孔雀羽绒缂制龙纹。这样的色彩搭配和工艺处理，使衮服金翠相映，更加富丽堂皇，达到了思想内容与艺术形式的完美统一。

第三，填补了明代皇帝服装资料的空白。这种带有十二章纹饰的袍服形式，无论是《大明会典》，还是《明史·舆服志》都没有记载。只有明朝时南薰殿遗存明代皇帝画像中，从明英宗开始，之后所有的皇帝都是头戴乌纱翼善冠，身穿这种袍服。但这只是画像，而定陵出土文物证实了这种服饰的真实存在。

人们不禁要问，这种带有十二章纹饰的袍服，到底属于皇帝的什么服装？如果属于常服，怎么会有十二章图案？如果属于冕服，怎么不戴冕冠，而戴乌纱翼善冠？而且如果这些袍服是衮服，为什么不是上衣、下裳式的，而是袍式的？

定陵的出土文物给出了答案。在这五件袍服中，有两件缂丝的袍服，都留有明代的墨书绢布标签，上面标注的是"衮服"两个字，时间是万历四十五年（1617）。由此可见，这种袍服在明代，肯定不是"常服"，而是"衮服"。那么，这种衮服，与《大明会典》所记载的上衣下裳式的衮服又是什么关系呢？

其实，它应该是冕服的简化版服装，它可以在皇帝祭天地、宗庙时，替代上衣下裳式衮冕服，并且可以当作皇帝的"寿衣"。

明朝人所著的《宫廷睹记》记载："冕服亦不常服，止朝贺用之。其郊天祀祖，俱服冲天冠，以便跪拜。"

这一记载，应该是可信的。因为朝贺，也称"大朝会"，时间是正旦，也就是正月初一，或冬至节。这时皇帝接受文武百官跪拜行礼和祝贺，所以皇帝服用上衣下裳式衮服，头戴冕冠，更能显示皇帝的尊严。

例如，明沈德符《万历野获编》卷十三记载，嘉靖初年的一次大朝会，嘉靖皇帝升殿后，尚宝卿谢敏行按照规定礼仪，手捧皇帝大印，走到嘉靖皇帝跟前。这时，谢敏行因为距离嘉靖皇帝太近了，他的玉佩突然与嘉靖皇帝的玉佩缠在了一起。太监及时解开，谢敏行也赶紧跪下请罪。嘉靖皇帝赦免了他，并下令，今后玉佩都要用红纱袋罩住。定陵出土的玉佩都有红纱袋，说明这段史事是真实的。皇帝此时既然戴了玉佩，这说明皇帝穿戴的就是冕冠和上衣下裳式的衮服。因为头戴冕冠，身穿上衣下裳式的衮服时，是不会戴玉佩的。

而皇帝祭天地、宗庙时，需要向昊天上帝和祖先跪拜行礼，所以，头戴乌纱翼善冠，身穿袍式衮服，跪拜行礼更为方便。例如，《朝鲜李朝实录》记载，明孝宗弘治皇帝在祭天时就是穿黄袍行礼的。当然，弘治皇帝在祭天这种隆重的典礼上，肯定不会穿四团龙式的常服袍，而应该是身穿十二章袍式的衮服，并且头戴乌纱翼善冠，因为这是配套的服装。

所以，定陵出土的这种带有十二章图案的袍式衮服，应该是皇帝祭天地、宗庙时为了方便跪拜才穿的一种替代服装。

孝靖皇后的红素罗绣百子衣和红暗花罗绣百子衣是两件难得的刺绣艺术精品。都是出自孝靖皇后棺内的中部。

这两件百子衣，都是方领、对开襟的夹衣。它们的精美之处有两点。

一是所绣百子画面非常精彩生动。百子图案共有 40 多个场面。各个场面的童子数从 1 人到 6 人不等，儿童的嬉戏方式和神情也各不相同：有的斗蟋蟀、戏金鱼，有的练武、摔跤、踢毽子，有的爬树摘果，有的站凳采桃，有的放风筝、玩陀螺，有的放爆竹、捉迷藏，有的扮作教书先生处罚弟子，有的学武松打虎姿态揪打花猫……儿童天真活泼的神情被刻画得惟妙惟肖、淋漓尽致，寓意着皇家子孙万代、多福多寿。

二是衣料的配色，匠心独运。整体色调以正色为主，在朱红色的罗地上，用枣红、水红、粉红、普蓝、藏青、浅蓝、月白、艾绿等 22 种不同色线，配绣百子及周围景致，再以加捻金线绣出金龙，并且用金线绣出云和八宝等图案的边缘，达到了金彩夺目的艺术效果。从两衣的刺绣技术上看，其针法多达 11 种，丰富多变的针法大大加强了刺绣的艺术表现力。

四、宫廷器物

定陵出土的宫廷实用器物，主要有盆、碗、杯、盘、壶、爵、瓶等，总计有 90 余件。材质有金、银、玉、瓷等。这些器物工艺精湛，造型设计精妙，美轮美奂。

例如，定陵出土的金托玉爵，就是一件非常精美的器物。爵，是古代的一种小型酒器。古人认为，爵虽为饮器中最小者，但"在礼实大"。定陵出土的爵有金、玉两种。

金托玉爵，爵用白玉雕琢而成，高仅 11.5 厘米。器身略呈元宝形。器腹呈椭圆形，内深，可容酒。其前部较长、尖头，称为"流"，是对口饮酒的部位。其后部呈圆头，稍短，称为"尾"。器腹的左右两壁对称地琢有一对突起的圆头，名为"柱"。器腹外琢有把手，名称"鋬"。器身下有三腿，名为"足"。

玉爵的设计非常巧妙。特别是爵鋬的设计制作，匠心独运，可谓构思不凡。爵鎏的造型是一条龙。龙的前爪在上，攀住爵的上沿，头部上伸，口贴爵柱根部，好像嗅到了酒的香味，也想品尝一下爵中的玉液琼浆。龙的后爪在下，左右分开，紧抓爵壁，龙尾上卷，似乎在维系身体的平衡。龙的腹部则呈弓起之形，又呈蓄势跃起之态。这样的设计，不仅使玉龙活灵活现，极为生动，也使龙腹与爵壁之间有了一个可容一指插入的空隙。持爵人将食指插入其中，端爵而起，便可开怀畅饮了。

玉爵之下是配套的圆形金托盘。其中部有一座刻山纹的圆墩，上设三孔以安插爵的三足。周围则有浮雕效果的二龙戏珠图案，并且镶嵌有26块红蓝宝石，尽显玉爵的素雅与华贵。

总之，定陵的出土文物呈现了如下特点：

一是数量大、品类齐全。定陵出土的殉葬品，不仅囊括了丧葬礼制所必备的各种礼仪制品，而且包含大量的宫廷实用品，数量之大之全，是其他墓葬难以比拟的。

二是历史研究价值大。定陵出土的帝后冠服、器用和丝织文物，夹杂了大量的历史信息，其珍贵的历史价值，是对明史文献的有力补充和诠释。

三是定陵出土文物，制作精美，构思奇巧，展现出明代艺人、匠人高超的技艺水平。

更多精彩 扫码观看

8·1·定陵出土的神宗金丝翼善冠

8·2·定陵出土的神宗乌纱翼善冠

第八章 瑰宝掇英

8·3·定陵出土的孝端皇后六龙三凤冠

8·4·定陵出土的大碌带

8·5·定陵出土的万历皇帝镶猫睛石金簪

8·6·定陵出土的孝靖皇后金环镶宝玉兔耳坠

8·7·定陵出土的万历皇帝黄缂丝十二章袍式衮服（复制品）

8·8·定陵出土的孝靖皇后红素罗绣平金龙百子衣（复制品）

8·9·定陵出土的金托玉爵

第八章 瑰宝掇英

第九章 景泰遗墟

明十三陵中有一座地理位置非常特殊的陵，这就是明光宗朱常洛的庆陵。这个陵的特殊之处体现在两点：

一是这里的山名叫皇山二岭，处于献陵和裕陵之间的位置，而献陵和裕陵都是光宗祖先的陵墓，作为晚辈陵寝的位置建在两陵之间，从辈分上看有"越分"之嫌。过去，明神宗在选择自己的陵地时，曾经选择过裕陵和茂陵之间的宝山之下，但最终还是因为这个地方是处在两祖陵之间，不敢"越分"，最后将自己的陵墓建在了大峪山脚下。然而，光宗的庆陵却不顾辈分的顺序，插建在了两座祖陵之间。

第二个特殊之处是这里历史上曾经叫过"景泰洼"，过去景泰皇帝在这里曾经建造过自己的寿宫，还安葬了他的皇后杭氏。

对北京地区皇陵历史有所了解的人大概都知道，景泰皇帝的陵墓在京西金山脚下，也就是颐和园的后面，怎么在天寿山陵区还建造有景泰皇帝的陵墓呢？难道是景泰皇帝他一个人就建两座皇陵？另外，天寿山的景泰皇帝陵寝怎么就叫作"景泰洼"了？明光宗的庆陵为什么不建在别处，偏偏要建在景泰皇帝陵寝的故址之上呢？

一、景泰登极与英宗复辟

谈到景泰帝陵，我们先来谈谈景泰皇帝是怎么当上皇帝的。

景泰皇帝朱祁钰，是明朝第七位皇帝，是宣宗皇帝朱瞻基的次子，明英宗朱祁镇的异母弟，母为贤妃吴氏。他生于宣德三年（1428）八月，比英宗小一岁。朱祁钰在英宗即位后被封为郕王。

那么，景泰皇帝是怎么由郕王变成皇帝的呢？

这还要从正统十四年（1449）的"土木之变"谈起。这年的七月，蒙古的瓦剌部纠集其他各部，兵分四路，大举南犯。瓦剌太师也先亲自率两万骑兵攻打明朝的边关重镇大同。瓦剌军攻势强大，边塞城堡纷纷陷落，紧急的边报纷纷飞到紫禁城。英宗在太监王振的怂恿下决定御驾亲征。

英宗下令郕王朱祁钰留守北京，亲率京营50万大军仓促出征，到了大同，才知道明军在前方仗打得很狼狈，根本抵挡不住瓦剌军的进攻，英宗只好率军返回。但由于撤军行动计划得不周密，结果在途中，于河北怀来的土木堡全军覆没，英宗被瓦剌军俘虏。历史上称这次事件为"土木之变"。

为应付这突如其来的严峻形势，皇太后孙氏下诏命郕王朱祁钰监国，接见百官，处理国事，并立英宗的两岁的儿子朱见濡（深）为皇太子。在此期间，朱祁钰在军事方面采取了一系列应急措施。如升兵部侍郎于谦为兵部尚书，召集山东、河南备倭及运粮军入卫京师，组织人员前往通州，将官仓储粮运往京师等。但朱祁钰毕竟只是个监国者，缺少皇帝的权威，这对政令的推行及民心的安定都十分不利。

为此，于谦等文武百官于八月二十九日联合上疏给皇太后孙氏。奏疏里说："圣驾北狩，皇太子幼冲，国势危殆，人心汹涌。古云：'国有长君，社稷之福。'请定大计，以奠宗社。"[①] 这段话的意思是，皇上在北边回不来，皇太子又是小孩儿，国家形势非常危急，人心惶惶。古人说："国家有年长的君王，是社稷的福音。"请确定新皇帝人选，使国家安定下来。

---

① 《明英宗实录》卷一八一。

他们建议让朱祁钰即皇帝位，以安定人心。此议得到皇太后孙氏的同意。朱祁钰于这年的九月六日即皇帝位，并遥尊英宗为太上皇帝，次年改元景泰。因此，人们也称他为景泰皇帝。

朱祁钰即位后倚重于谦等主战派大臣，整饬军备，派遣将官镇守居庸关、紫荆关等军事要隘。同时，加强北京城防，取得了北京保卫战的辉煌胜利，使明朝避免了类似南宋偏安的被动局面。此后，他又根据于谦的建议，将瓦剌南下时明军先后弃守的关隘城池全部收复，派军守备，形成了巩固的京北防线。他还支持于谦改革京营军制，将三大营官军，分为五营团练，扭转了过去京营混乱不堪、战斗力低下的局面。

景泰七年（1456）年底，景泰帝身染重病，卧床不起，次年正月十二日勉强去南郊祭天，终因体力不支，不能亲自行礼。就在景泰帝病势越来越重的时候，左都御史杨善、左副都御史徐有贞、武清侯石亨、太监曹吉祥、都督张軏等人发动了"夺门之变"。英宗再次登上大宝之位。随后，景泰帝被废为郕王，迁往西内。

那么，景泰皇帝已经当了七年多的皇帝，皇位已经巩固，怎么会造成英宗复辟的局面呢？

原来，英宗在景泰元年（1450）八月，也就是景泰皇帝登极的第二年就被瓦剌放回了。景泰皇帝迎回英宗后，将英宗安置在南宫居住。这时的英宗虽然还有太上皇帝的名位，实际上却形同被软禁，根本不能参与政务。而且，景泰皇帝为将来能把皇位传给自己的儿子，在景泰三年（1452）五月，将英宗之子朱见濡（深）由皇太子改封为沂王。然后将自己的儿子朱见济立为皇太子。谁知天公不作美，朱见济竟在景泰四年（1453）十一月病故。朱见济是景泰帝的独生子，朱见济一死，皇太子之位便空了下来。正是在这种背景下，人们觉得景泰皇帝病势沉重，又没有儿子，皇位早晚还是英宗的，所以徐有贞、石亨等人乘机发动政变，使英宗重新登上了皇位。

二、金山葬郕王，成化改帝陵

景泰皇帝被废为郕王后，于景泰八年（天顺元年）（1457）二月去世，享年30岁。其死因，不见正史记载，只有明陆釴《病逸漫记》称系宦官蒋安以帛勒死。英宗赐谥号为"戾"，这显然是个恶谥。因为"戾"字在谥法中的含义，是"不悔前过""不思顺受""知过不改"。总之，是犯有罪过，又不知悔改的意思。

朱祁钰去世后，以王礼葬于京西金山。其妃嫔也都被要求殉葬。黄瑜《双槐岁抄》载："郕王葬祭，礼如亲王。唐氏等妃嫔俱赐红帛自尽以殉葬。"

然而，在朱祁钰的妃子中，有一位却没有被殉葬。

这个人就是景泰皇帝的原配皇后汪氏。

汪氏是明朝时顺天府人。她的父亲汪瑛是中城兵马司指挥，后来晋封为左都督。正统十年（1445）她被册立为郕王妃，正统十四年（1449）景泰皇帝即位后，她被册立为皇后。

汪氏是个贤明达理的皇后，在北京保卫战中，不少将士阵亡，暴骨原野，她及时下令官校加以掩埋。

她生有两个女儿，但没有生儿子。景泰三年（1452），景泰皇帝打算废黜英宗的儿子朱见濡（深）的皇太子之位，改立自己的儿子杭氏所生的朱见济为皇太子。但汪氏不同意，因此惹恼了景泰皇帝，于是废掉了她的皇后之位，改立杭氏为皇后。

景泰皇帝去世，英宗打算让汪氏殉葬。大学士李贤上奏说："汪氏虽然被立为皇后，但后来又被废去皇后之位。现在所幸能与两个女儿度日，如果让她随着殉葬，于情于理都是不合适的。"英宗听后，也产生了同情之心，对李贤说："你说得对，我原来认为兄弟媳妇年轻，不宜留在大内生活，当初并没有考虑到她们母子相依为命的事。"汪氏因此免于殉葬。

汪氏与宪宗生母周太后妯娌之间关系非常融洽。她经常入宫与周太后叙家常。但汪氏性格特别刚直。有一天，英宗问身旁太监："记得有一副玉玲珑可以系在腰上，现在在哪？"太监回答："应当在汪妃那里。"英宗命人去取，汪氏气愤之下，将玉玲珑扔进井里，告诉来人说："没有这件东西。"事后她对人说："郕王做了七年天子，难道还不能享受这几片啊！"

正德元年（1506）十二月，汪氏去世，寿80岁，与景泰皇帝合葬金山。

由于景泰帝是按照亲王礼仪安葬在金山的，英宗和景泰帝两兄弟之间，又有皇位争夺之仇，所以虽然景泰帝名义上是按照王礼安葬，实际上其园寝建筑不仅规模小，而且设置也比较简单。

后来，宪宗即位，念及叔父称帝时，正是国家"多难之秋"，而且是在群臣恳请之下才临朝称帝的。此后又奋武扬兵，击败瓦剌军的进攻，最后终于使父亲回归，对于国家实在是有功劳，所以，他在成化十一年（1475）十二月恢复了景泰皇帝的帝号。

第二年，宪宗又下令增修景泰帝陵的殿庑斋房等建筑。其中就包括在景泰帝陵陵门内左侧立了一通石碑。碑上刻"大明""恭仁康定景皇帝之陵"。另外还将原来的王坟等级的青瓦，更换成皇帝陵寝等级的黄瓦。

嘉靖十五年（1536）三月，世宗朱厚熜到金山拜谒景泰皇帝陵，对礼部尚书夏言说：景皇帝的陵碑偏置在陵门的左侧，不合适。应该把碑亭建在陵门之外、大门之内，才能显出尊崇之意。于是，景泰皇帝的陵碑由陵门内左侧移到陵门的正前方。

顾炎武《昌平山水记》记载了明末清初时的景泰帝陵的状况："门三道、三重，殿五间，周垣。门内有碑亭一座，碑曰：大明恭仁康定景皇帝之陵。"意思是说，当时的景泰帝陵，共有三重陵门，每重陵门开有左、中、右三道门，陵内有享殿五间，陵园周围围绕着陵墙。门内有碑亭一座。

清梁份《帝陵图说》记载，景泰帝陵还有神厨、神库、省牲亭、祠祭署、内官房等建筑。陵墙内栽植了松柏，派驻了守陵太监。但是"未砌宝城，未建明楼，又偏侧地势，规制狭小"，并且没有确定陵的名字。

所以说，成化以后的景泰帝陵虽然名为帝陵，却并没有完全达到帝陵规制标准。

三、天寿山景泰帝寿陵的修建与被毁

《明英宗实录》卷二六三《废帝郕戾王附录》卷八一记载，景泰七年（1456）二月，景泰皇帝的皇后杭氏去世。所以，景泰帝随即派遣官员在天寿山营建寿陵，当时在山陵施工的官军多达四万人。到了六月，景泰帝寿陵的地宫建成，皇后杭氏入葬。但是，因为此后不到一年的时间内，英宗就复辟了，景泰帝被废为郕王随后也去世了，景泰帝在天寿山的寿陵便被明英宗下令捣毁了。

景泰皇帝在天寿山建造的这座寿陵，都已经安葬了皇后杭氏，英宗为什么下令将它捣毁呢？

原来，天寿山陵域内的景泰皇帝寿陵被毁，是由襄王朱瞻墡谒陵后所上的一道奏章引起的。

襄王朱瞻墡，是明仁宗朱高炽的第五个儿子，英宗朱祁镇的亲叔父。永乐二十二年（1424）受封，宣德四年（1429）就藩长沙，正统元年（1436）迁到襄阳。正统十四年（1449）八月，英宗被俘。因为当时在英宗的叔父中，朱瞻墡年纪最大，而且以贤德闻名，威望最高，所以皇太后孙氏，也就是朱瞻墡的大嫂曾在"土木之变"后，让人把襄王的金符取来，藏在宫中，可能是有意对他加以重用。但是并没有将朱瞻墡召到北京，主持朝政。

朱瞻墡得知英宗被俘，曾上书皇太后，请皇长子朱见濡（深）居摄大位，郕王朱祁钰监国，并"急发府库，募勇敢之士，务图迎复"[①]。可是，他的

---

① 谷应泰：《明史纪事本末》卷三五《南宫复辟》。

奏疏送到京师时，朱祁钰已经称帝八天了。景泰元年（1450）八月，英宗被放还，幽居南宫。襄王又上书景泰皇帝，让他"旦夕省膳问安，率群臣朔望见，无忘恭顺"[①]。也就是说，他要景泰皇帝每天早晚去英宗那里请安，看看英宗吃得好不好。每到初一和十五，都应该率领群臣朝见英宗。不要忘了对英宗的恭敬和顺从。

英宗复辟后，徐有贞、石亨等想借机杀害于谦和大学士王文，就对英宗说，于谦、王文等人想从宫中盗出襄王金符，迎立襄王儿子为皇太子。英宗因此对襄王也有所怀疑。

后来，英宗在宫中见到了襄王所上的二书，并得知襄王的金符仍封于太后阁中，才解除了对襄王的怀疑，并被襄王的忠心感动。为此，他特意在天顺元年（1457）三月，赐书给襄王，让他入京。襄王入京朝见英宗后，奉命前往天寿山祭谒长、献、景三陵。为了进一步表达他对英宗皇帝的拥戴，回京后又上一道奏章说：郕王葬杭氏，明楼高耸，几乎与长陵、献陵一样。何况景陵明楼还没有修建！他越礼犯分竟然达到了这种程度，臣下感到非常愤恨。拜读皇太后的谕旨，说是像汉朝时废黜昌邑王刘贺皇位那样，将朱祁钰的皇位废黜。但是，臣也曾经阅读《汉书》，当年霍光因为汉昭帝没有子嗣，所以才立昌邑王为嗣。昌邑王得以继承皇位，但是他并没有篡位。后来，因为荒淫无道，才被历数其罪，将他的皇位废黜，恢复他原来的爵位。而郕王朱祁钰，借着皇上委托处理朝政的权力，乘机篡位，改立皇太子，忘恩负义，荒淫无度，几乎危及社稷。这哪里是昌邑王可以比的呢？幸亏遇到皇上您这样豁达大度，宽仁厚道，还像当初那样对他友好，保留了杭氏的墓葬，没有废除他篡逆的遗迹。但是，虽然您的盛德能够容忍，奈何礼制和法律难以宽恕。还请皇上下令，捣毁他的坟墓、明楼和寝殿。只有

[①] 《明史·诸王传》。

这样，才礼法昭明，天下万幸。

英宗看罢奏章，正中下怀，遂命工部尚书赵荣率领长、献、景三陵陵卫官军5000余人，将景泰帝寿陵拆毁。这时，距离杭氏安葬还不到一年的时间，杭氏是改葬金山，还是弃尸于外，文献没有记载，但按照当时的礼制，很可能是迁葬到京西金山的郕王墓中。从此以后，景泰皇帝的这座陵园成为废墟，瓦砾满地，草木丛生，呈现一片荒凉景象。

明朝人边贡有《过寿陵故址》诗：

> 玉体今何所？遗墟夕霭凝。
> 宝衣销野磷，碧瓦蔓沟藤。
> 郕戾崩年谥，恭仁葬后称。
> 千秋同一毁，不独汉唐陵。[①]

诗里说，景泰皇帝的玉体在哪里啊？昔日的寿宫已经成为一片废墟遗留在那里，笼罩在晚上的雾霭之中。随葬的宝衣已经销蚀变成了野外的磷火，碧绿的琉璃瓦散落在沟壑之中，被满地的野藤覆盖着。郕戾王是他驾崩那年的谥号，恭仁康定景皇帝则是安葬之后才有的称号。千秋万代的帝陵同样都有被毁掉的，不单单只是汉唐时的帝陵啊！

四、景泰洼处建庆陵

那么，人们很可能会问这样的问题：明光宗的庆陵为什么不在天寿山的其他地方修建，偏偏要不顾辈分礼制，建在献、裕两个祖陵之间，而且

---

① 清光绪《昌平州志》卷二一《丽藻录》。

是曾经的景泰帝寿陵的故址上呢？

有关庆陵建于"景泰洼"的原因，古人曾做过分析，《钦定日下旧闻考》引《芹城小志》说："光宗贞皇帝陵曰庆陵……俗称为景泰洼是也。先是景泰中建为寿宫，英宗复辟，景皇帝葬西山之麓，陵基遂虚。光宗上宾既速，仓卒不能择地，乃用此为陵。"

意思是说，光宗的陵叫庆陵，俗称为"景泰洼"。景泰年间，景泰皇帝在这里建造了寿宫，后来英宗复辟，景泰帝被葬在了西山山麓，寿宫便空了下来。光宗突然离世，仓促之间，来不及选择陵地，才用这里作为陵地。

那么，这一说法对不对呢？

其实，这一说法是不准确的。

首先，光宗死得突然和"仓促不能择地"之间并没有什么关系。

因为天寿山明陵中，除了长、永、定三陵外，都是皇帝死后，由嗣皇帝组织营建的。而明光宗的庆陵，也是在光宗驾崩后，由嗣皇帝熹宗朱由校组织营建的。既然都是皇帝驾崩后由嗣皇帝组织建造陵寝，就不存在"仓卒不能择地"的问题。

其次，《芹城小志》忽视了天寿山景泰帝陵被毁的情况。虽然，书里也谈到"景泰洼"，但认为这里的景泰皇帝寿陵，只是"陵基遂虚"。似乎还能被光宗所用。事实上，景泰帝陵已经被彻底捣毁了，并没有现成的地下宫殿可以安葬光宗。

因此，庆陵实际上是经过了重新选址，重新确定玄宫位置，重新建造玄宫的过程的。

对于这一点，《明熹宗实录》卷二有清楚的记载。光宗死后，熹宗随后就派遣大学士刘一燝和礼部尚书孙如游前往天寿山卜选陵地。经反复察看，他们觉得这里是个建陵的好地方。于是，画好了地形图，附上说明文字，呈报给熹宗，并且说这里"至尊至贵，所有潭峪、祥子岭，俱不能及"。

熹宗觉得满意，随即下令择日兴工。

天启元年（1621）三月最后确定陵址，历时四个月，至七月二十九日玄宫合龙门，九月四日葬光宗及孝元、孝和两位皇后。陵园从开始营建到玄宫落成，共耗帑银150万两。

由此可以看出庆陵的营建绝不是"仓卒不能择地"，才建在了景泰洼这个地方，而是经过了认真卜选，比较了潭峪岭（德陵所在地）、祥子岭（定陵北侧山脉）之后才最终确定的。

至于当时不顾宗法礼制，将庆陵建在了裕陵和茂陵两个祖陵之间，其根本原因在于这里是"至尊至贵"的吉地，天寿山陵区内再也找不到这样好的地方。所以，只好舍弃宗法礼制，而以吉地为重了。

况且，在天寿山陵区，早在第二陵，也就是明仁宗的献陵，就已经不遵循宗法礼制了。因为按照《周礼》的说法，应该是"先王之葬居中，以昭穆为左右"。也就是说，应该是长陵位于正中，明仁宗的献陵居于长陵之左，也就是东面，为"昭"；明宣宗的景陵居于长陵的右面，也就是西面，为"穆"。然后各陵依次按左昭、右穆顺序排列。

但是，因为献陵所在地在古人心目中是个建陵的好地方，《明宣宗实录》卷九记载"其山周正圆厚，冈峦拱揖，川原透迤"，所以献陵处在了长陵的"穆"位，也建在那里。而后来的景陵，为了建在长陵旁边，反而不得不处在"昭"位了。就这样，昭穆位置颠倒了。

再后来的裕、茂、泰、康等陵都是一顺向西排去的，早没了"昭穆布葬"的影子。所以，既然从献陵开始就不强调宗法礼制关系，那么庆陵插建在献、裕两个祖陵之间，虽然有"越分"之嫌，但也不算什么事了。

那么，葬在庆陵的明光宗，又是一位怎样的皇帝呢？

明光宗朱常洛，是明神宗朱翊钧的长子，万历十年（1582）生，万历二十九年（1601）立为皇太子，万历四十八年（1620）八月初一即皇帝位，九月一日病逝，享年39岁。因为光宗去世的时候，还在万历四十八年内，还没来得及有自己的新年号，所以，他的儿子熹宗朱由校即位后，改万历四十八年（1620）八月以后为泰昌元年。这样，光宗总算也有了年号。

朱常洛在位时间极短，仅一个月，是明代享国最短的皇帝。他一生的经历十分坎坷。

首先是神宗有意立郑贵妃所生的皇三子朱常洵为皇太子，所以光宗虽是神宗的长子，但迟迟不能被立为皇太子，直到后来孝定太后亲自出面干预，他的皇太子身份才被确定下来。

其次是郑贵妃一直恃宠在暗中策划谋取皇太子之位，甚至不择手段对光宗进行谋害。

万历四十三年（1615）五月四日，光宗居住的慈庆宫发生了一起惊人的事件。那天傍晚，有个手持枣木棍的男子，居然打倒守卫宫门的内臣，一直闯到前殿檐下才被内官捉住。后经法司会审，案情大体清楚，原来这个案子与郑贵妃的内臣有关。此案由于神宗的干预，没有彻底查清就早早了结。《明史》称此案为"梃击案"。

在朱常洛当了皇帝后，又有一件案子与郑贵妃有关。朱常洛刚刚登极10天，就身染重病。这时，由郑贵妃的心腹内医崔文升给光宗看病。他故意让光宗服下了含有大黄成分的凉药，致使光宗腹泻不止，病势更加沉重。接着，又有鸿胪寺丞李可灼自称有"仙丹"可治皇上之病。光宗初服一丸，觉暖润舒畅，思进饮食，再服一丸，竟在当天夜里死去。《明史》称此案为"红丸案"。

光宗在短短的帝王生涯中，虽然在朝政上没有什么大的更新举措，且大部分时间是在病榻上度过的，但也做了两件于朝有益的事。一是遵奉遗诏，罢黜派往各地的矿监税使，起用万历年间因建言而获罪的大臣。这一举措无疑对减轻人民的负担和维护朝政的稳定，具有一定的积极作用。二是起用刘一燝、韩爌等东林党人入阁参与机务，并召还曾经翼护过自己的致仕内阁大学士叶向高，使以方从哲为首的浙党势力有所削弱，为东林党人在天启初年的参政活动奠定了基础。

庆陵除葬有光宗外，还葬有三位皇后。一位是光宗的原配——孝元贞皇后郭氏。她在万历二十九年（1601）时册立为皇太子妃，万历四十一年（1613）去世，万历四十三年（1615），葬在天寿山陵区内泰陵园后长岭之前。熹宗即位，才追尊为皇后，迁葬庆陵。另外两位皇后，一位是熹宗的生母孝和皇后王氏，一位是崇祯皇帝的生母孝纯皇后刘氏。

庆陵的陵寝制度，建筑布局仿照献陵，即陵园中隔小山，山前建祾恩殿以及陵门、左右配殿等，山后建明楼、宝城。

而单体建筑规制取法昭陵，又略微参考了定陵的制度。所以，庆陵的祾恩殿，像昭陵一样，采用重檐歇山顶形制，御路石雕仿照定陵雕刻"龙凤呈祥"图案。后面的明楼、宝城等建筑，则完全仿照昭陵。不仅"哑巴院"的月牙墙的高度接近宝城墙，而且宝城内的封土也填得非常满，中间的圆柱形宝顶非常高大。

庆陵的排水系统设计尤其与众不同。宝城两侧山壑间的水流，其他陵园都是用明沟排水的方式从陵前绕道排出，而庆陵采取了明暗沟相结合方式解决排水问题。

宝城两侧的水流从宝城前方院左右宫墙下的地下涵洞流入，在明楼前的地下汇为一流向前排出，从地下躲过环抱于陵前的小山，然后注入山前的排水明沟，经祾恩殿后的三座石桥，再从前院的右侧绕过陵前注入河漕。这种考虑精到的排水方法，使陵园景观山重水复更加幽美。

更多精彩 扫码观看

9·1·庆陵全景

9·2·京西金山的景泰陵碑亭

第九章 景泰遗墟

探秘明十三陵

9・3・明光宗朱常洛画像

9・4・庆陵祾恩殿台基

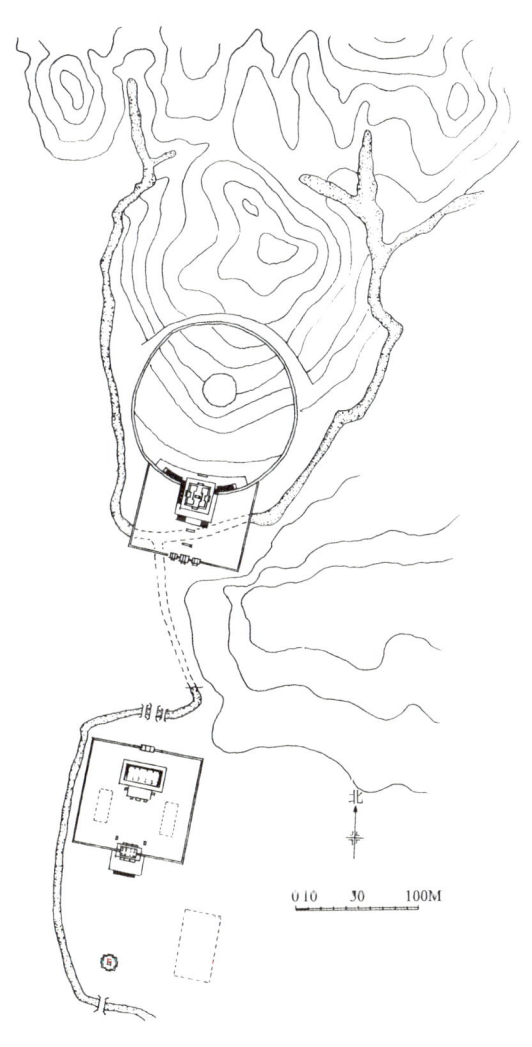

9·5·庆陵平面图

第九章 景泰遗墟

第十章

天启德陵

明朝有位特别爱干木匠活的皇帝。这位皇帝在朝政处理上虽然乏善可陈，但是对制造木器有着极其浓厚的兴趣，而且非常有天赋。他所制作的木器精美绝伦，许多能工巧匠都比不上。这是一位怎样的皇帝？他为什么"不爱江山爱木器"？他的陵寝又有着怎样的独特之处呢？

这位皇帝，就是明熹宗朱由校。他是明朝第十五位皇帝，是明光宗朱常洛的长子、崇祯皇帝朱由检的哥哥。他生于万历三十三年（1605）十一月，泰昌元年（1620）九月即皇帝位，次年改元天启。因此，人们也叫他天启皇帝。

一、醉心木作，爱好特殊

明熹宗天启皇帝即位的时候，虚岁已经16岁了。他的父亲光宗在临终前病榻上，曾经召集大学士方从哲、给事中杨涟等人，要他们将熹宗辅佐成为尧舜之君。但是实际上熹宗的所作所为非常让人失望。

熹宗在位七年，这时，正是明朝走向衰败时期。东北地区，后金势力非常强盛。努尔哈赤发兵先后攻取了沈阳、辽阳等军事城堡，后来皇太极又率兵进逼宁远和锦州。

明朝内部形势也不容乐观。天启七年（1627）三月，陕西发生灾情，但是，澄城县知县张斗耀不顾农民死活，催逼赋税。因此，白水农民王二等数百农民，忍无可忍，冲进县城，处死了张斗耀，开仓济民，由此拉开了明末农民起义的序幕。

但是熹宗面对这样的形势，缺乏应有的忧患意识，反而终日沉溺在玩乐之中。

文献记载，熹宗心灵手巧，技能多样，尤其喜欢木作营造。他经常亲自拿着锛凿斧锯，制作小楼阁。

他制作的宫殿阁楼，砖瓦都是琉璃厂根据他的旨意专门烧制的。他用的器具，也都是御用监、内官监特意为他制作的。他干木匠活儿非常投入，往往是与亲近的太监们朝夕营造，达到了废寝忘食的程度。并且，无论是严冬还是酷暑，都没有厌倦的意思。干得高兴时，甚至不顾皇上的尊严，解衣裸体，随地盘腿而坐。他的制作如果成功了，便高兴异常。但是过了一会儿，又不喜欢了，他又进行拆改，他不停地享受着作品拆改后成功的乐趣。

熹宗不仅爱做木匠活儿，还爱骑马，爱看武戏，特别喜欢做玩水的游戏。他把大木桶或者铜缸之类的器具打出孔来，里面灌满水，还安上机关控制水流。水从桶里流出后，有时像喷泉，有时像瀑布，非常好看。有时，他又在水里另外安设机关，借助水的力量，把核桃大小的木球冲到涌泉之上，盘旋宛转，忽上忽下，很长时间都不会落下来。这些游戏，都是他自己构思创意的。

二、魏客勾结，结党干政

熹宗把全部心思用在营造游戏和玩乐之中，于是就没有心思考虑朝廷的事了。

宫廷中他最宠信两个人。一个是他的乳母，她的姓比较特殊，是客人的"客"字。按照《现代汉语词典》，作为姓，客是读 kè 的。但是，在河北一带的方言中，人们却将这个字读作"qiě"。到现在，河北这一带地方甚至包括东北地区，谁家来了客人，不说来客（kè）人了，而说来客（qiě）了。因此，按照当地和当时的方言，这个客（kè）氏，在当时是应该称为客（qiě）氏的。另一个是司礼监秉笔太监魏忠贤。

这两个人恃宠妄为，成为左右宫廷内外大事的显赫人物。谷应泰《明史纪事本末》卷七十一《魏忠贤乱政》记载，魏忠贤进入皇宫后，有位道士在街道上高声歌唱："委鬼当朝立，茄花遍地红。"《明史·五行志》也记载："万历末年，有道士歌于市曰：'委鬼当头坐，茄花遍地生。'"

这两种记载，文字上稍有差异，都是人们为了表达对这两个人的不满，特意编出的歌谣，用来影射他们两个人。其中，"委""鬼"两字相合，是"魏"字，影射的是魏忠贤。而"茄"字则影射的是客（qiě）氏。因为"客"（qiě）与"茄"谐音，所以，"茄花"的"茄"影射的自然是客氏了。

一个是皇帝的乳母，一个是太监，怎么有那么大的能力，能够在皇宫里横行霸道，甚至左右朝政呢？

先说说客氏。客氏，原是河北定兴县普通民家侯二的妻子，18 岁时被选为熹宗乳母。不久，她的丈夫死去。熹宗从小就是客氏侍奉大的，熹宗认为她兢兢业业，照顾自己非常周到，尝尽了辛苦和艰难，对她十分感恩，因此封她为奉圣夫人。其实，熹宗对她不仅是感恩，还非常依恋。

天启元年（1621）四月，熹宗大婚。客氏就不应该再侍候熹宗了。大臣们上疏要求客氏离开皇宫。但是，熹宗竟然说："皇后年幼，还需要乳母保护。等皇考安葬后再商议这件事吧。"

后来，光宗葬入庆陵。大学士刘一燝请熹宗按以前说的，命客氏离开皇宫。熹宗不得已，听从了刘一燝的意见。但是，他特别想念客氏，每天泪流满面，吃不好，睡不好。所以，他不顾大臣们的反对，又把客氏召进宫来。

客氏再次进入皇宫，她倚恃熹宗的恩宠，在皇宫内作威作福。她每隔几天都要回家看看。坐着轿子，到了乾清宫前都不下轿。服饰华丽，就像皇后、妃子一样。后面跟着大队的侍卫。到了家里，这个叫她老祖，那个叫她太太，还有叫她千岁的，喧闹非常。

再说说魏忠贤。他原是河北肃宁的一个无赖，万历时期，因为与一群恶少打架，打不过人家，一生气自宫，进了皇宫，并且改名叫李进忠。后来恢复魏姓，皇帝赐名忠贤。魏忠贤因为胆子大、心狠手辣，又善于骑马射箭，客氏非常喜欢他，于是两人有了"对食"关系。所谓"对食"，就是在皇宫里，宫人与内官可以像夫妻一样一起生活。这是宫里允许的。所以，魏忠贤虽然不识字，却通过客氏，被熹宗任命为司礼监秉笔太监。

司礼监秉笔太监是替皇帝批奏章的，权力很大。但是，没有皇帝的授权，他也不能乱写。而且，天启初年，东林党人在朝中是占据主导地位的。所以在天启初年，魏忠贤虽然也受熹宗宠信，但还没有形成控制朝政的权势。

但是，魏忠贤非常有心计，他为了取得熹宗信任，总是表现出对熹宗特别忠心的样子。每当熹宗干木匠活儿高兴的时候，他就抱着一堆奏章向熹宗请示。熹宗对政事厌烦，就对他说："朕已经知道了，你们好好去办吧，不要烦我。"这样，自天启中期以后，魏忠贤便利用替皇帝处理奏章的机会，逐步在朝内培植自己的党羽，形成了一个政治上极为腐朽的官僚集团，历史上称为"阉党"。

客氏、魏忠贤二人在宫内外横行霸道，对反对他们的大臣则罗织罪名，残酷迫害。

于是，天启四年（1624）六月，左副都御史杨涟上疏弹劾魏忠贤，列举其二十四大罪状。说魏忠贤本是个市井无赖，开始时是靠小忠小信骗取皇帝的信任，继则以大奸大恶擅权乱政。并且举出实例说，按照祖宗的惯例，票拟本应该由内阁大臣负责，而魏忠贤竟然迈过内阁，自己直接批阅；魏忠贤还罗织罪名将刘一燝、周嘉谟等顾命大臣逐出朝堂；魏忠贤为自己营建墓地，竟然建得像帝陵那样豪华；去涿州进香，竟然是警卫人员前呼后拥，"清尘垫道"，回来时则是坐着四匹马拉的车子，周围旌旗飘扬，夹护环遮，俨然皇帝的乘舆。现在，大家只知道有魏忠贤，不知有陛下。

杨涟的奏章，义正词严，对朝廷上下震动极大。但是，熹宗经不住魏忠贤的泣诉哀求，对魏忠贤产生了怜悯之情。再加上奏章转到熹宗那里，熹宗让司礼监掌印太监王体乾念奏章。按理说，王体乾是司礼监掌印太监，比魏忠贤的司礼监秉笔太监地位要高。可是，因为王体乾的司礼监掌印太监是托客氏和魏忠贤给他在熹宗那里争取到的，所以，王体乾甘心屈居魏忠贤之下，充当他的爪牙。在念奏折时，凡遇重要的地方，都故意不念，客氏则在旁边乱加分析。于是，熹宗被蒙蔽了，不但没有治魏忠贤的罪，还下旨谴责杨涟。

见熹宗忠奸不辨，邪正不分，于是，给事中魏大中、御史袁化中、抚宁侯朱国弼、兵部尚书赵彦等70余名官员一齐上章揭发魏忠贤的不法罪行，但熹宗仍不予理睬。后来，工部郎中万燝又上疏弹劾魏忠贤。魏忠贤见反对他的大臣太多，势力也很大，就想借廷杖震慑外廷大臣。于是，他派小宦官们到万燝家将万燝痛打一顿，然后拉到皇宫，当时万燝已经气息奄奄。结果，廷杖一百后，万燝过了四天就去世了。大臣们上章为万燝申辩，魏忠贤则诬陷万燝贪赃受贿三百两银子。万燝一生为官清廉，却由于被魏忠贤陷害，死后落得个全家破产的凄惨下场。

为了进一步对大臣中的反对派实施血腥镇压，天启五年（1625）三月，魏忠贤再兴大狱，制造冤案，将杨涟、魏大中、袁化中以及佥都御史左光斗、太仆寺少卿周朝瑞、陕西副使顾大章逮捕，投入锦衣卫大狱。为使杀之有名，魏忠贤的爪牙诬陷他们曾经接受过被逮捕入狱的前辽东经略熊廷弼的贿赂。其中，杨涟被诬受贿二万两白银，死时"土囊压身，铁钉贯耳"，也就是用装满土的口袋压在身上，用铁钉穿透耳朵。左光斗、魏大中也被施以酷刑，死时体无完肤。接着，又牵连出东林党人吏部尚书赵南星等15人，将他们削职为民，并提问追赃。

甚至对封疆大吏，魏忠贤也不放过。辽东经略熊廷弼在万历时期就守卫辽东有功，天启时又被起用。可是，由于他与辽东巡抚王化贞战守意见不一，朝廷支持王化贞，而不支持熊廷弼，导致明军战败。结果，熊廷弼被处死刑，但不是立即执行。魏忠贤为了构陷东林党人，就诬陷熊廷弼贿赂东林党人，结果，熊廷弼被"弃市，传首九边"。

担任过熹宗经筵日讲官的孙承宗，曾经以兵部尚书、东阁大学士的身份督理蓟辽、山海关、天津等处军务。他大力整顿军务，使辽东形势出现好转。但是，在阉党的攻击下，他于天启五年（1625）十月被迫辞职。

袁崇焕曾任职辽东巡抚，取得宁远大捷，还把后金的努尔哈赤打伤，后来，宁锦大捷，又使皇太极南侵受挫。但是，魏忠贤认为其不是自己人，就指使心腹弹劾袁崇焕。袁崇焕在天启七年（1627）七月也被罢免。

魏忠贤之所以能够擅权乱政，一方面是因为他用小忠小信骗得了熹宗的信任，另一方面则是因为一些趋炎附势的官员攀附于他，成了他的爪牙和帮凶。例如，大学士顾秉谦、魏广微，工部尚书崔呈秀，刑部尚书周应秋等人就是阉党的骨干成员。当时人们都说："忠贤门下有十狗，应秋其首。"[①] 说的就是周应秋。而魏广微对魏忠贤更是一副奴才相。他以魏忠贤家人自称，送给魏忠贤的书札，都签署有"内阁家报"的字样。

[①] 《明史·阉党传》。

阉党官员为取媚魏忠贤，甚至不遗余力、肉麻地为魏忠贤歌功颂德。如山东奏产麒麟，大学士黄立极等内阁大臣票拟时就写"厂臣修德，故仁兽至"。意思是说，总督东厂的内臣魏忠贤德高望重，所以麒麟这种仁兽才出现。

自天启六年（1626）闰六月，浙江巡抚潘汝祯在杭州西湖为魏忠贤修建生祠后，各地阉党官员竞相效仿。河南巡抚郭增光、巡按御史鲍奇谟在河南开封建祠，竟然拆毁民宅2000余间，创建宫殿九间，几乎像王府一样了。刘诏在蓟州建祠，魏忠贤的塑像竟然是头戴冕旒的金像，并且使用的是沉香木雕刻。塑像的眼、耳、口、鼻都宛如真人，连肚子里的肠子和肺都是用金玉珠宝做的。建成后，给朝廷的奏文，就像称颂圣贤一样，称以"尧天舜德""至圣至神"。负责督饷的户部尚书黄运泰在迎接魏忠贤的塑像时，竟然行五拜三稽首的大礼，还口称"九千岁"。当时，都城内外魏忠贤的祠堂彼此相望，有的甚至建在东华门外。

魏忠贤以阉党官员为爪牙，把凡是不依附自己的官员统统视为东林党人，加以排斥打击。顾秉谦、魏广微撰写了《缙绅便览》一册，把叶向高、韩爌等一百余名官员列为邪党；崔呈秀则造《天鉴录》《同志录》，把所有不肯就范于魏忠贤的官员都列为东林党人。他们还仿照民间流行的《水浒传》，将东林党人按一百零八将的顺序编成《点将录》，献给魏忠贤。并且再兴大狱，力图将东林党人一网打尽。

在过去的梃击案、红丸案、移宫案中，东林党人都是站在维护皇权，反对后宫妃嫔干预政事立场上的；并且在京察的朝廷官员考核中，也是惩治贪腐，不徇私情，因此颇受世人拥戴。东林党被镇压，三案、京察等是非全部混淆颠倒。三案的奏疏，也由阉党汇编，以《三朝要典》为书名，颁示天下。

客氏、魏忠贤二人甚至连皇帝的后、妃也敢不择手段地加以陷害。例如，皇后张氏曾对熹宗说起魏忠贤和客氏的过失，还曾经要把客氏绳之以法。他们两人怀恨在心，买通一个死囚，说张皇后不是张国纪的女儿，而是这名死囚的女儿。他们想用这种方法将张皇后废掉。但是，最终还是因为手法拙劣，阴谋没有得逞。天启三年（1623），张皇后怀孕了。客氏和魏忠贤把侍候张皇后的人全部换成自己的人，张皇后偶尔腰疼，侍候的人捶按用力太过，导致张皇后流产。

裕妃张氏是熹宗的妃子，为人正直刚烈。客氏、魏忠贤二人把她视为异己，关了起来，不给吃的。裕妃张氏饥渴难忍，下雨天时，爬到屋檐下，接屋檐滴下的水喝，最后被活活饿死。慧妃范氏失宠被关起来，李成妃向熹宗为慧妃求情，被客氏、魏忠贤知道，结果也被关了起来。幸亏，李成妃事先在殿里准备了吃的，过了半个月没有死，被降为宫人，到了崇祯初年才恢复妃子的身份。

客氏、魏忠贤二人干了那么多坏事，熹宗却始终把他们当作心腹，恩宠备至。

天启五年（1625）五月十八日，熹宗祭方泽坛（地坛）回来，接着到皇宫西苑游玩。熹宗与两个十七八岁的小内侍在桥北深水处，划着小船荡漾在绿波之中。玩得正高兴，突然一阵大风把小船刮翻，三人全部落入水中。熹宗受此一惊，染病在身。天启七年（1627），熹宗病情越来越重，因屡治无效，于八月二十二日死于懋勤殿，时年虚岁才23岁。临死之前，他还召集内阁、六部以及科、道官员，说魏忠贤和王体乾"忠贞，可计大事"，真是至死都执迷不悟，难怪清朝的乾隆皇帝说他"童呆"。

三、崇祯建陵，困难重重

熹宗去世后，崇祯皇帝朱由检为他修建了德陵。德陵，位于潭峪岭西麓，始建于天启七年（1627）九月。那时，崇祯皇帝刚刚登极，大明王朝面临着严重的政治和经济危机。所以，德陵的营建，遇到了不少难题。

首先是资金短缺。

工部为营建德陵曾向崇祯皇帝请示："各陵，长陵、永陵、定陵为壮丽，而皆费至八百余万。今议照庆陵规制，可省钱粮数百万。查庆陵曾发内帑百万，谨援例以请。"[①] 意思是说，过去长陵、永陵、定陵这三个陵，都非常壮丽，费用都达到了800万两白银。如果按照庆陵去营建，可以节省几百万两白银。经过查对，当年庆陵营建时，曾经拨银上百万两，所以恳请按照庆陵的例子，拨款建陵。

但崇祯皇帝经过一番筹措，却只能拨给一半的资金，也就是50万两白银。按照管工官员和大臣们的合计，德陵的营建需用白银200万两（《崇祯长编》作300余万两）。50万两左右的白银要建起一座帝陵是绝对不够的。

为此，工部只好向崇祯皇帝提出几点建议：

一是将现有钱粮先用于玄宫、宝城、明楼的修建。

二是命内外大小官员捐助工银，即按照修建三大殿时的例子捐俸禄。

三是向各州县加派银子，大的州县加派二百二十两，中型州县加派一百几十两，小的州县加派一百两。

四是继续开纳事例银，所谓的"事例银"就是让那些有钱的人捐钱，根据所捐钱的数量，委任他们一定的官职。

除此之外，工部还会同户部提请按照天启六年（1626）修建皇宫的例子，增加各地的盐税。

这些建议很快得到崇祯皇帝同意。于是，在朝大臣开始解囊捐助，大学士黄立极等人带头，每人率先捐银200两。各州县的加派银两也通过各

---

① 《崇祯长编》卷二。

省陆续解来。陵区所在的昌平州，山陵工程才开工，就按照惯例出银7000两。

至于开纳事例银一事，早在修建永陵时，已经开始采用，但修建德陵时开纳事例的条款多达26项。甚至连各府、州、县的佐贰官因政绩不佳、办事疲软被查处的，都可以纳银官复原职。

崇祯元年（1628）各运司所加盐课，连同本年正常税银，总计14万余两，全部输入山陵。

崇祯二年（1629），又加龙江、芜湖、清江厂等六处官办贸易市场税银1.4万两，解往工部，以接济陵工急需。

明代营建陵寝的经费，初时取之于国库，中叶出现了事例银，时有"卖官营陵"的讥讽。到了营建德陵，则捐助、事例、加派无所不用其极。可以看出，明代营陵费用的这三部曲，正是明朝经济和国力由盛到衰的一个缩影。

其次是物料不齐。

陵工开始后，工部上奏说，德陵的营建，不仅没有现成的石料可用，而且房山大石窝的石塘里积水太多，没办法撤干。工期紧迫，进度很难保证。

崇祯皇帝见疏，觉得自己也没有办法解决，只好让负责建陵的官员再献良策。巡视厂库工科都给事中郭兴治提出建议：

第一，拆除魏忠贤的生祠，所得砖石物料，可以省下几十万两白银。

第二，天寿山陵区内，光宗郭皇后、神宗王皇后两位皇后原来妃坟园寝所遗留下来的砖石，以及皇城内外大工所剩余的石料、台基厂剩余的木料，可命工部核查报明数量，运往陵地，又可省银万两。

这两条建议，崇祯皇帝表示同意。但是因为魏忠贤名声太坏，怕玷污神圣的皇家陵寝，崇祯皇帝听从工部的意见，没有把拆下的魏忠贤生祠石料用于修建德陵。

最后是募夫困难。

以往诸陵营建惯例，往往是由兵部拨派营军15000名，由司官一员督发到山陵，与招募来的民夫一道从事陵园营建。为使营军不以从役为苦，朝廷对营军按每人每天三分银两的数额进行盐粮补助。

当时，一两等于十钱，一钱等于十分。在营建庆陵时，管工官员认为，三分银两已够雇用一名民夫，民夫比营军便于约束。所以当时所需夫役，大多是雇来的。可是，营建德陵时，情况却发生了变化。势豪大户营造占役极多，他们为了争夺劳动力，竞相给予优厚的食宿条件。所以，强壮的劳力都不愿去参加山陵营建，只有老弱劳力为了糊口，才肯来参加建陵。管工官员觉得陵寝工程浩大，大家通力合作，需要上万人才行。如果一定要从民间招募民工，恐怕招不来那么多人。到时候，强壮的劳力招不来，而老弱的劳力又挥之不去，恐怕会耽误工程。所以，他们不得不请示崇祯皇帝，仍然拨派营军来修陵，盐粮补助如数发给。这一请求，得到了崇祯皇帝的同意。

德陵的营建，用了近五年的时间，于崇祯五年（1632）二月竣工。建成后的德陵，总体布局仿照昭陵，琉璃照壁和三座门等建筑则仿照庆陵建造。

但是，德陵建成后曾遭到清兵的破坏。崇祯九年（1636）五月，清太宗皇太极派遣武英郡王阿济格、多罗饶余贝勒阿巴泰，率领清军向明朝大举进犯。他们分兵三路，很快打到了北京北面的延庆州。在那一带，他们先后七次打败明朝军队，攻取城池两座，还俘获上万的百姓和牲畜。七月七日，又从陵区北面的灰岭、贤庄、锥石等口进至昌平，昌平城很快被攻破。紧接着，清兵焚毁了德陵神功圣德碑亭。清兵北撤后，崇祯帝又下令重新修建碑亭，德陵的陵寝建筑才又得以保持完整。

四、张皇后之葬

明熹宗天启皇帝于崇祯元年（1628）三月葬入德陵。陵内除安葬有熹宗外，到了清朝后还安葬有熹宗的皇后懿安皇后张氏。她是河南祥符（今开封）人，父亲是太康伯张国纪。她在天启元年（1621）四月被册立为皇后。

张皇后面对客氏、魏忠贤横行宫内的情况非常担忧。有一次，熹宗来到后宫，张皇后正在看书。熹宗问："你看什么书哪？"张皇后想借此机会提醒熹宗，就回答说："是《赵高传》。"赵高是秦代的一个大奸臣。秦始皇死后，他和丞相李斯伪造秦始皇遗诏，逼迫秦始皇的长子扶苏自杀，立胡亥为二世皇帝。后来，赵高又把李斯杀了，并且杀掉秦二世，立子婴为秦王。张皇后说这话的意思是，现在的魏忠贤就像秦代的赵高，应该认清他的面目。但熹宗默默无语，没有反应。

熹宗死后，崇祯皇帝即位，尊称她为"懿安皇后"。崇祯十七年（1644）李自成的农民起义军攻入北京，有的文献记载她上吊自杀身亡了。也有的文献记载，崇祯皇帝让她自杀，但是仓促之中，圣旨没有传达到。张皇后被李自成的部将李岩俘获。李岩知是张皇后，本想送她回太康伯家。但是张皇后对情况并不清楚，她偷偷换上青色衣服，蒙上头，逃到大臣朱纯臣家。可能因为失望或恐惧，随后自缢而死。清朝入关后，顺治皇帝才在顺治元年（1644）五月下令将她葬入德陵。

更多精彩 扫码观看

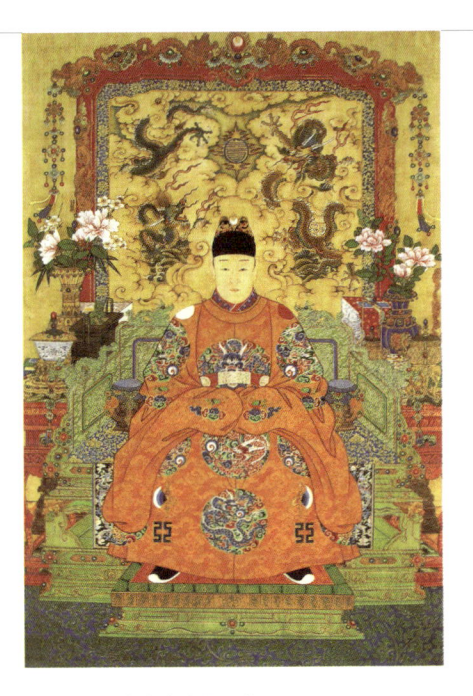

10·1·明熹宗朱由校画像

10·2·德陵祾恩殿御路石雕

第十章 天启德陵

10·3·德陵三座门中门

10·4·德陵二柱牌楼门石柱蹲龙

第十一章 圣号陵碑

前文对天寿山明陵的陵寝制度以及相关史事进行了介绍。但是，对于各陵的石碑还没有作过更细致的介绍。其实，各陵的石碑背后也有许多历史谜团需要解开。

例如，各陵明楼内都有一座圣号碑，这些碑的作用是什么？碑上刻的皇帝庙号谥号，是真实地反映了皇帝一生的品德、功业吗？为什么长陵的圣号碑不是永乐皇帝的儿子明仁宗朱高炽立的，而是明神宗万历皇帝立的？

一、万历重建长陵圣号碑

先来谈谈圣号碑的作用是什么。

明楼中立有圣号碑是天寿山明陵的独有特点。在此之前，虽然明太祖朱元璋的孝陵、朱元璋父母的皇陵以及朱元璋三代祖考的祖陵，也都建有明楼，但是这三个陵的明楼里面并没有圣号碑，其作用都只是宝城或者砖城的城门楼。而天寿山明陵的明楼就不同了，它不仅有宝城城门楼的作用，还具有陵墓的标志作用。

首先，明楼内立有圣号碑，碑上刻有皇帝的庙号和谥号，这样，人们一看到石碑，就知道这是哪位皇帝的陵了。其次，明楼的上下檐之间悬挂有写有陵名的榜额，人们一看就知道这是什么陵了。

各陵的圣号碑的形制大同小异，都是龙首方趺的形制。龙首，就是碑的上部，雕刻的都是二龙戏珠的图案，中间有碑额，篆刻"大明"二字。碑身刻皇帝的庙号和谥号。方趺，即石碑下部是方形的意思。碑趺除永、定二陵作上小下大的九级台式外，其余各陵都是须弥座的形制，也就是都是那种上下略宽、中间束腰的形式。

这些石碑在明朝时，碑身为朱红颜色，云纹图案则为石青、石绿等颜色；碑文的楷书大字则是泥金的金字。

而这些圣号碑上的碑文，都是嗣皇帝即位后才刻上的。其中，永乐皇帝朱棣的长陵圣号碑刻的是"成祖文皇帝之陵"七字。

《明神宗实录》记载，长陵的这座明楼和圣号碑，是万历三十三年（1605）重新建造的。为什么万历时期要重建这座碑呢？

原来，朱棣死后，他的儿子明仁宗洪熙皇帝朱高炽为他定的庙号是"太宗"，谥号是"文"。所以，当时所立的圣号碑刻的是"太宗文皇帝之陵"七个大字。

但是，嘉靖十七年（1538），嘉靖皇帝认为，明朝的兴起，开始于太祖高皇帝朱元璋，而中定艰难，则是皇祖太宗文皇帝，也就是永乐皇帝。两位圣祖同创大业，功德并称，都应该在庙号上按"祖"相称。于是，将永乐皇帝的庙号由太宗升格为成祖。

然而，当时明楼内圣号碑上已刻有"太宗文皇帝之陵"，嘉靖皇帝新定的庙号与石碑上的字不一致，这可怎么办呢？当时，武定侯郭勋上疏建议，把碑上原来的刻字都磨去，重新书写雕刻，这样可以保持永久。嘉靖皇帝不同意郭勋的意见，他不忍心琢伤原有的刻字，于是想了一个办法，制作一个木套刻上新庙号，装嵌于碑上。

嘉靖皇帝让礼部及翰林院官集体商议。于是礼部顺承嘉靖皇帝的意愿上疏说："长陵碑，昭皇帝所建，千万年所当崇宝，皇上追念文皇帝功烈，尊称祖号，不忍琢伤，令今日之鸿号有加，先朝之旧题无改，圣见出寻常万万。"[1]意思是说，长陵的这通碑，是昭皇帝也就是明仁宗朱高炽所立，千万年都应该作为至宝来推崇。皇上追念文皇帝的丰功伟绩，尊称祖号，不忍琢伤原碑，使今日为文皇帝所加的崇高庙号，能够加到碑上，先朝题写的碑文却没有改变，皇上的意见高出寻常万万倍。

于是，在旧碑上镶嵌了刻有新庙号的木套。但是，万历三十二年（1604）五月二十三日那天夜里，天降大雨，雷火烧毁了明楼和碑石，木石俱毁。大学士沈一贯遂上疏说：过去世宗改庙号而没有更立新碑，现在是雷神奋威，是天意警示我们要重新立碑。于是，根据钦天监所定日期，万历皇帝下令于第二年兴工，重新建造了明楼和碑石。

长陵以后除思陵外，天寿山各陵的圣号碑上刻写的都是"大明""某宗某皇帝之陵"。例如，洪熙皇帝朱高炽的献陵，圣号碑刻的是"仁宗昭皇帝之陵"，其中，"仁宗"是朱高炽的庙号，"昭"是朱高炽的谥号。

那么，皇帝的庙号和谥号是怎么确定的？确定时有哪些规范呢？

在古代，无论是庙号还是谥号的确定，一般都是根据墓主，也就是陵墓中所葬的皇帝的生平业绩和行为品德，从"谥法"中选取适当的字，作为谥号对他的一生进行评价。

谥法，是古代对死者的一种评价规则。起源于周代，先秦古籍《逸周书》有《谥法解》，专门对谥法里的字进行解释，后世又有所增益补充。谥法在秦代一度废止，汉代恢复，并一直延续到清朝。谥法中有若干固定含义的字，供人们选用。其中，有赞扬的谥号，称为"美谥"，而带有诋毁意思的，则称为"恶谥"。明朝皇帝的谥号，无论生平业绩、品德如何，都会用美谥来确定庙号及谥号。

---

[1] 《明世宗实录》卷二一七。

谥号的赐给，一般应该是以上赐下，例如，臣下的谥号是由朝廷赐给的。但是，由于皇帝是整个国家的最高统治者，没有人比他的地位还要高，所以皇帝死后，他的谥号虽然是经过礼部大臣们讨论拟出，并报请嗣皇帝同意，但名义上还是必须打出上天赐给的旗号。因此，皇帝的谥册文中往往会有"请命于天"的话。这在定陵出土的谥册中，是可以看到的。

　　明朝皇帝的谥号，除了开国皇帝朱元璋是二十一字，其余各位皇帝的谥号都是十七字。其中，最后一个字是谥号中带有总结性的字，最能体现皇帝一生的功绩德行。例如永乐皇帝的谥号，明仁宗时定为：体天弘道、高明广运、圣武神功、纯仁至孝文皇帝。嘉靖十七年（1538），上尊谥为：启天弘道、高明肇运、圣武神功、纯仁至孝文皇帝。改动很小，但作为核心的评价"文"字未动。

　　那么，各陵圣号碑上所刻的皇帝的庙号和谥号，真的如实反映了皇帝一生的功绩品德行为吗？应该说，有的还是大体具有真实的一面的。

二、循名责实，评价吻合

　　例如，长陵圣号碑刻的是"成祖文皇帝之陵"。"成祖"是永乐皇帝的庙号，"成"字在谥法中的含义是"安民立政"，实际上就是说永乐皇帝经过"靖难之役"，成功地巩固了明朝的政权；"文"是永乐皇帝的谥号，按照谥法的解释，就是"经纬天地"的意思，表示永乐皇帝有经天纬地之才。而永乐皇帝在明朝是颇有作为的皇帝，也基本上与谥号相符。

　　又如，献陵的圣号碑刻的是"仁宗昭皇帝之陵"。"仁宗"是洪熙皇帝朱高炽的庙号，"昭"是他的谥号，就基本反映了仁宗的一些实际情况。因为，按照谥法，"仁"字有"慈民爱物"之意，也就是说对百姓仁慈，节俭，不铺张浪费；"昭"字有"明德有功"之意，也就是功德显著的意思。

而洪熙皇帝在位时间虽然不足一年，但他对百姓的疾苦还是比较关心的。有一次，通政使提议，将四方雨量大小及洪涝灾情的奏章，存放到给事中那里备案。洪熙皇帝不同意，说：祖宗令天下奏雨泽，是想得知水旱情况，以便对受灾地区进行救济，奏章积压在通政司已经不对了，怎能再收贮到给事中那里呢？他还规定，受灾地区的官员如不为受灾百姓申请赈济，就要治罪。

有一次，他听说山东及淮安、徐州一带遇灾，老百姓没有吃的，地方官却照常催征夏税，就召大学士杨士奇草诏，免去当年夏税及秋粮的一半。杨士奇提出先让户、工两部知道，他却说："救民之穷，就像救人于水火之中一样，不能迟疑。如再让户、工两部商议，他们顾虑国用不足，一定会议论不决。"说着，赶快让太监拿来文房四宝，让杨士奇就地草诏，盖上玺印，付诸实行。

另外，他在位时，为了节省朝廷开支，还停止了下西洋的活动。虽然这样不利于中外文化的交流，但的确能够节省朝廷的开支，有利于减轻人民的负担，与"慈民爱物"之意正相符合。

他在位期间，发展经济，使国家的经济逐渐进入恢复期，与宣德皇帝的统治合称"仁宣之治"，也与"明德有功"之意相合。

再如，泰陵的圣号碑刻的是"孝宗敬皇帝之陵"。"孝宗"是弘治皇帝朱祐樘的庙号，"敬"是弘治皇帝的谥号。按照谥法的释义，"孝"字有"慈惠爱亲"之义，意思是对亲人慈爱孝顺；"敬"字有"夙夜恭事"（也有的文献记载为"夙夜就事"）之义，也就是说，每天都在尽心尽力地处理事情，也就是勤政。而弘治皇帝的一生所为，确实与"孝""敬"二字相符。

先谈谈庙号的"孝"字。前文中，我们讲过弘治皇帝是他的母亲在成化六年（1470）偷偷生下来的，为避免遭到万贵妃的迫害，始终不敢公开，直到成化十一年（1475）五月的一天，才见到亲生父亲。成化皇帝给他取了名字，还确定在秋凉时立他为皇太子。但是他的母亲纪氏却在一个月后离奇身亡。弘治皇帝即位后，对母亲非常思念，马上追谥母亲为孝穆皇太后，由金山迁葬茂陵。并且在弘治元年（1488）闰正月，派遣太监蔡用到广西贺县龙堂村，寻找当地老人，打听母家是否还有宗支亲人，打算授予官职。可是，由于母亲进入皇宫时年纪还小，记不住宗亲的情况，所以，出现了假冒皇亲的情况，最后的结果自然是根本查证不清。但即使这样，弘治皇帝还是在弘治三年（1490）八月，在广西为自己的外祖父母修建了祠堂，每年春秋由布政司遣官祭祀。由此可见，弘治皇帝的孝宗庙号，确实与"慈惠爱亲"相符。

再来谈谈谥号中的核心字"敬"字。孝宗是明代中叶唯一较为勤政而且励精图治的君王。他即位后，常常召阁臣至文华殿，让大家共同讨论大臣的章奏，写出批词后，自己再批改颁发。所以，阁臣李东阳高兴地说："天顺以来，三十余年间，皇帝召见大臣，都只问上一二句话，而现在却是反复询问，讨论详明，真是前所未有啊！"

弘治十三年（1500），大学士刘健上奏说，晚朝散归后天色已黑，各处送来的文件往往积压内阁，来不及处理，如有四方灾情、各边报警等事务，就有耽搁的可能。于是，孝宗特定除早、晚朝外，每天两次在平台，也就是建极殿东侧的后左门，召见有关大臣议事。由此可见，孝宗的确符合"夙夜恭事"的情况。

另外，孝宗还选拔任用了一大批贤能之臣。他先后重用的内阁大学士刘健、谢迁、李东阳以及吏部尚书王恕、先任兵部尚书后任吏部尚书的马文升和兵部尚书刘大夏等都是当时的名臣。所以，清朝所修的《明史·本纪》称弘治时期"朝多君子"。人们评价弘治时期的形势，也称"弘治中兴"。

这说明孝宗不仅勤政，而且朝政处理得很好。

再如，正德皇帝朱厚照的康陵，圣号碑上刻的是"武宗毅皇帝之陵"。

按照谥法的含义，"武"字是"克定祸乱"的意思，也就是有效平定祸乱的意思；"毅"字是"致果杀敌"的意思，也就是英勇杀敌的意思。

朱厚照在位期间，确实有过"克定祸乱"和"致果杀敌"的情况。

先看"克定祸乱"。正德皇帝在位16年，确实有"克定祸乱"的情况。例如，正德五年（1510），安化王朱寘鐇在安化，也就是现在的甘肃庆阳县造反。结果，朱寘鐇被逮捕，并被赐死，削夺爵位。正德十四年（1519）六月，宁王朱宸濠借口武宗荒淫无道，起兵造反，结果被提督南赣军务的都御史王守仁擒获。在这次平叛中，正德皇帝借口平定宁王朱宸濠叛乱，有巡幸江南之举，实际目的却是到江南游玩。并且让王守仁在受俘仪式的广场上把朱宸濠放掉，正德皇帝自己再将朱宸濠生擒活捉，这样的闹剧虽然的确存在，但毕竟还是符合"克定祸乱"这一说法的。

武宗喜欢领兵打仗也是事实。他为了过把当将军的瘾，竟然在正德十二年（1517）九月，自封为总督军务威武大将军、总兵官，还给自己起了个新名，叫朱寿。正德十二年十月，武宗在山西应州附近，亲自指挥明军与蒙古鞑靼部骑兵打了一场硬仗。当时，鞑靼部的首领小王子率领五万骑兵进犯明朝边境。朱厚照正好巡边到那里，于是他精心部署，调集了长城沿线的精锐部队五万人，在应州城附近打响了抗击小王子的战斗。经过四天的鏖战，明军击退了小王子的鞑靼骑兵。朱厚照在战斗中亲自率军冲杀，还亲手斩杀了一名蒙古骑兵。为此，他得意扬扬，又下诏为自己晋爵为太师、镇国公。虽说他为自己封官衔有点荒诞离谱，但评价他"致果杀敌"还是说得通的。而且从那以后，蒙古诸部有二三十年的时间，不敢侵扰明朝边境。

三、文过饰非，评价牵强

当然，有些陵的圣号碑刻的皇帝的庙号和谥号，虽然表面上看，这些皇帝的行为似乎存在吻合之处，但严格地说，却存在文过饰非或牵强附会之处。

例如，万历皇帝定陵的圣号碑刻的是"神宗显皇帝之陵"。其中，"神宗"是万历皇帝的庙号，"显"是万历皇帝谥号的核心字。按照谥法，"神"的含义是"圣不可知"，"显"的含义是"行见中外"。意思是，行为高尚，闻名中外。

那么，万历皇帝的"圣不可知"体现在哪里呢？

《明神宗实录》卷一记载，万历时期，天下太平，四海安宁，即使是"忧勤之主，极意治平"都做不到，而万历皇帝竟然"深居静摄得之"。也就是说，万历皇帝每天晏居深宫，静养身体，什么事也不干，天下竟然不乱，就连那些每天勤于政务，极力想把天下治理好的君王也做不到。因此"庙号称'神'，殆真如神云"。就是说，庙号定为神宗，是因为万历皇帝每天静养，天下还太平无事，真的像神仙一样。

其实，万历皇帝的怠政，对明朝的统治存在很大负面影响。万历中叶以后，他不仅深居内宫，不见群臣，不批答奏章，甚至中央和地方缺官也不补充。例如，万历四十五年（1617）二月，大学士方从哲、吴道南上奏说，早晨上朝时，看见有一百多人聚集在长安门外，集体跪在那里申诉。一问，原来是监狱囚犯的家属，他们的亲人被抓捕好长时间了，因为大理寺和刑部缺少官员，竟然无人问案，以致不少人因长期关押，已经死去。但是，万历皇帝根本就不管这些事。官员们申请离职，他也照样不加理睬。当时，不少官员不想当官了，把印往衙门里一放，给皇上写一份请求离职的奏章，不等朝廷的批复，就擅自回家了。

当时朝中的大臣不是想着怎样把公事办好，而是想着怎样结党营私。朝堂之中，党争愈演愈烈，经济形势下滑。明朝统治的根基，实际上在万历中期以后，已经开始动摇。所以，就连清朝所修的《明史》都说："明之亡，实亡于神宗。"因此，说万历皇帝"真如神云"，实在是个讽刺，更谈不上"行见中外"了。

而有些陵的圣号碑所刻皇帝的庙号、谥号，实际上完全就是溢美之词，与皇帝生前的功德一点儿也不相称。

例如，裕陵圣号碑刻的是"英宗睿皇帝之陵"。"英宗"是正统皇帝朱祁镇的庙号，"睿"是他的谥号。按照谥法的说法，"英"字寓意"出类拔萃"，"睿"字寓意"可以作圣"。

然而，我们无论如何也看不到正统皇帝的"出类拔萃"和"可以作圣"的地方。正统皇帝在位时间，正统年号共计14年，天顺年号共计8年，共计22年。然而，在这22年间他表现得非常平庸，甚至有时可以用"昏庸"来评价。例如，他始终宠信太监王振，对王振可以说是言听计从。结果导致50万京营大军在"土木之变"中全军覆没，朱祁镇自己也被俘，身陷虏营。天顺年间，政事虽然有所改善，他却是非不辨，明知于谦抗击瓦剌有功，而且清正廉明，却残忍地将于谦杀害。由此可以看出，裕陵圣号碑上所刻的正统皇帝的庙号和谥号，与朱祁镇一生的功绩和德行毫不相符。

四、帝王才艺，略而不表

各陵圣号碑的庙号、谥号，通常都对所葬皇帝在政务、品德方面的评价，对帝王的才艺以及生活方面的好恶，则不予涵盖。

例如，宣德皇帝朱瞻基的景陵，圣号碑上刻的是"宣宗章皇帝之陵"。宣德皇帝治国方面颇有成就，与他的庙号和谥号是基本相符的。其中，"宣宗"是他的庙号。"宣"字在谥法中的含义是"善闻周达"，也就是能够听取正确意见，从善如流的意思。

宣德皇帝在位期间，重用吏部尚书蹇义、户部尚书夏原吉以及"三杨"

（杨荣、杨溥、杨士奇）等仁宗朝老臣，听取他们的意见。同时还注意发挥内阁大臣的作用，正与"善闻周达"的意思相合。

过去，成祖、仁宗皇帝在位时，虽然在政务的处理上非常注意倾听内阁官员的意见，但内阁官员还只是皇帝的顾问而已。在政务的处理上，皇帝可以征询他们的意见，也可以不征询。而宣德皇帝规定，大臣的奏章由通政司往上转达时，必须先送到内阁。由内阁官员拿出一个初步的意见，然后用墨笔写在一张小纸条上，粘贴在奏章的前面，称为"票拟"，或者称为"条旨"。票拟意见连同奏章一道送到皇帝那里后，再由皇帝或者代表皇帝的司礼监太监用红笔批示，然后下到六科签发施行。票拟的方式，是宣德皇帝时期的创造。后来，明朝一直沿用，这对阁臣辅助皇帝进行政治决策起到了很大作用。

"章"字是宣德皇帝的谥号，在谥法中有"法度明大"的含义，意思是国家治理遵循法度。

宣德皇帝在国家的治理上，也的确是强调法治的。例如，他即位不久，正逢大赦天下，浙江布政司参议王和等三名官员犯了贪赃罪，吏部奏请给他们恢复官职，宣德皇帝不同意。他说，士大夫首先应该知道廉耻。这样的贪官污吏怎能再让他们当官！结果，三人全部削职为民。又如，宣德时期，有一位五朝元老叫刘观，官至都察院左都御史，但是他和他的儿子利用职权贪赃枉法，宣宗皇帝果断地将他们父子绳之以法，发配辽东充军。所以说，宣德皇帝谥号的"章"也是恰当的。

但是，宣德皇帝不仅在施政和个人品德方面值得称赞，他的诗赋、书画水平也很高。

明沈德符《万历野获编》卷一记载，该书作者沈德符幼年时曾见过宣德皇帝画的一个扇面，上画折枝花和竹石，题有宣德皇帝的御制诗：

湘浦烟霞交翠，剡溪花雨生香。

扫却人间炎暑，招回天上清凉。

这首诗表达的意境是，湘江水边烟霞与翠绿的山景融合，剡溪的花朵在雨中倍觉芬芳；这一切，使人间炎热的暑气一扫而光，天上的清凉之气却被招了回来。

扇面上的画，渲染设色直追宋人，书法学的是唐代著名书法家颜真卿，但是又稍微带有明初书法家沈度的笔意姿态。

明李诩《戒庵老人漫笔》卷一说："宣德皇帝画五花马、白燕二幅，俱亲题赐太监袁琦者。燕上柳叶飘洒，用粉分筋、柳干颤掣，学南唐李后主金错刀法。"

另外，明朱国祯在《涌幢小品》卷一说，他见过宣德皇帝画的一幅《玄兔图》。玄兔，古人指的是月亮。图中用淡墨渲染，烘托出一轮明月。月亮中画有一株丹桂树，一簇簇桂花籽向下垂着。丹桂之下是一片用紫色和白色画成的仙草，草丛中一只毛茸茸的兔子意态安闲地趴在那里，纤细的兔毛，画得就像袅袅轻烟。朱国祯评论说，宣德皇帝"文武全才，游戏丹青，并臻妙境，远在唐太宗之上"。

宣德皇帝的书画作品有的现在还能看到。如宣德皇帝的书法作品《御制上林冬暖诗》，字形大小错落有致，用笔精到，气势贯通。看得出，宣德皇帝的书法，源自唐代书法家颜真卿，同时又深受明初书法家沈度的影响。

宣德皇帝的人物画《武侯高卧图》，是宣德皇帝赐给平江伯陈瑄的。画中诸葛亮仰卧在竹林中，头枕一函图书，似乎在深思。

宣德皇帝画的《瓜鼠图卷》，是宣德皇帝赐给太监吴诚的。图卷中一只小老鼠在山石之下，吃着一枚杨梅，杨梅的渣子落了一地。小老鼠画得惟妙惟肖，非常可爱。

尽管宣德皇帝才艺不凡，但是宣德皇帝的庙号、谥号都反映不出这方面的内容。

11·1 长陵圣号碑

11·2·裕陵圣号碑

第十一章 圣号陵碑

11·3·明宣宗绘《武侯高卧图》

11·4·明宣宗绘《瓜鼠图卷》

第十二章

无字碑谜

明代所建天寿山各陵除明楼内立有圣号碑外，还都在陵前的神道上立有一座神功圣德碑。碑的外面都建有碑亭，为重檐歇山顶的建筑形制。碑亭平面都是正方形，四面都设有券门以及台阶，石碑则都立在碑亭内的正中间。碑的形制都是龙首龟趺式。也就是说，碑的上部雕刻的是六条头部下垂、首尾交盘的龙，而碑座的造型则都是昂首远眺的大石龟。另外，长陵的一进院落内的东侧，嘉靖时期还增建了圣绩碑亭一座，里面的石碑比较特殊，是龙首龙趺的形制。碑首雕刻的是一条龙，头部前探，尾部盘绕碑顶；碑座雕刻的也是一条龙，只不过它的身姿采取了龟趺的样子。因此，清代文献称其为"龙趺碑"。但奇怪的是，这13座为墓主歌功颂德的巨大石碑，除长陵神道上的长陵神功圣德碑上面刻有文字外，其他12座石碑都是无字的石碑。

　　古代立碑是用来记述墓主功德的，明天寿山这些陵寝的石碑为什么会没有刻字呢？它的背后隐藏着什么样的历史玄机呢？另外，这么重的石碑，古人没有起重机等现代设备，都是怎么立起来的呢？

一、泰山和唐乾陵的"无字碑"

　　天寿山各陵的无字碑，虽然出现在明朝，但是在明朝时没有人对这件事提出过疑问，也没有人对它进行过分析。到了清朝，乾隆皇帝才将这一问题提出，并表示对这一问题困惑不解。

他在长陵神功圣德碑背面的御笔所书《哀明陵三十韵》中曾经发出这样的疑问："长陵一碑功德记，余皆有碑而无字。泰山以后唐乾陵，此典何出竟为例？"这段诗文的意思是说，各陵陵前的神功圣德碑，只有长陵的神功圣德碑上有功德文字记述，其余各陵都是有碑，但是没有文字。自从泰山的无字碑之后，又有唐乾陵的无字碑，这究竟出自什么典故，明陵竟然以此作为先例？

乾隆帝在这段诗文之后还有小字注释说："明诸陵，惟长陵有神功圣德碑文，余陵俱有碑无字。检查诸书，惟徐乾学《读礼通考》载，唐乾陵有大碑，无一字，不知何谓？而明诸陵效之，竟以为例，实不可解也。"这段注释文字的意思是说：明朝天寿山各陵，只有长陵有神功圣德碑文，其余各陵都是只有石碑，石碑上没有文字。查阅了各种书籍，只有徐乾学所写的《读礼通考》上记载，唐乾陵有一座大碑，上面没有雕刻一个字。不知这是什么用意？而明朝各陵竟然效法，作为前例。这实在让人没法理解！

显然，在乾隆皇帝看来，天寿山明陵的无字碑是效法泰山无字碑和唐乾陵无字碑的，只是他不知道这是为什么。那么，难道天寿山明陵的无字碑真的是效法泰山无字碑和唐乾陵无字碑，把它们作为先例建造的吗？

泰山无字碑，坐落在泰山玉皇顶玉皇庙的前面，高6米。因为上面没有刻字，所以被称为"泰山无字碑"。它到底是不是"碑"？为什么没有刻字？以前，这些问题并没有引起前人的注意。到了宋朝时，人们才开始关注这件事，并认为，泰山无字碑是秦始皇泰山封禅时留下的。

那么，什么是"封禅"呢？古人认为，五岳之中，泰山最高，所以帝王祭祀天地应该在泰山。其中，登泰山之顶，筑坛祭天，称为"封"；在泰山南面的梁父山，开辟基址祭地，称为"禅"。过去，秦始皇、汉武帝都曾经在泰山举行过大型的封禅典礼。

到了明清时期，仍然有不少人认同宋朝人的说法。例如，明朝人张铨就有诗句说："袖携五色如椽笔，来补秦王无字碑。"张铨的诗至今还刻在泰山无字碑的东侧。

但是，明末清初顾炎武在《日知录》里则提出了"汉武帝立石说"，他说：东岳泰山玉皇顶的无字碑，世人相传是秦始皇封禅时所立。但是，秦始皇所立的碑在玉女池的上面。碑高不过四五尺，上面刻有李斯篆书。而且，碑上还刻有铭文以及秦二世的诏书。所以，我又反复地研读《史记》，才知道这座无字碑应当是汉武帝封禅时所立的。

此后秦皇、汉武两说一直并存。然而，当代的一些专家学者经过进一步考证，认为从形制上看，所谓的"无字碑"只是俗称，并不属于碑碣类的文物，应当是秦代遗留下来的石阙。也就是说，它是个石雕的阙楼。由此可以看出，天寿山明陵的无字碑，与所谓的泰山无字碑是没有一点关联的，因为它们并不是一类文物。

再来看看唐乾陵的无字碑。唐乾陵，是唐高宗李治和女皇武则天的合葬陵墓。这座陵南面的朱雀门外阙楼遗址前，在司马道（相当于明陵的神道）的东西两侧，各有一座石碑，原来也都有碑亭建筑。

其中，西面的石碑是武则天为唐高宗李治立的，即《述圣纪》碑。碑文为武则天亲自撰写，唐中宗李显书丹。碑文记述了唐高宗李治生平以及文治武功的功德。

东面的石碑则是一座无字碑。这两座碑，虽然东西对称设置，但大小和碑式都不相同。其中，《述圣纪》碑，顶部是庑殿顶的样式，无字碑则是雕龙的圆顶形式。因此，这座无字碑应该不是武则天所立，而应该是唐中宗李显或者后来的唐睿宗李旦为母亲武则天立的。当时碑上虽然没有刻字，但正面刻有4.5厘米见方的4180个格子，说明当时是打算刻碑文的，只是没有刻。

那么，没有刻的原因是什么呢？文献没有记载。唐陵的研究者推测，可能是因为唐中宗或唐睿宗，对于母亲的功过是非难以评价。因为，武则天虽然以"则天大圣皇后"的身份，葬在唐高宗的陵内，但她生前曾经称帝，并且创建武周王朝，在位长达15年。这段历史，对李唐王朝来说，简直就相当于篡逆。所以，作为武则天的儿子，的确不好评说。因此，碑文的事便空了下来。

但是明朝并未出现过皇后称帝的情况，也没有专为皇后立碑的情况，所以天寿山明陵无字碑的出现，也不是效法唐乾陵无字碑设置的。

二、天寿山明陵的无字碑成因

那么，究竟是什么原因造成了天寿山明陵无字碑的情况呢？

这还要从嘉靖皇帝下令为前六陵建造神功圣德碑开始说起。

嘉靖以前，献、景、裕、茂、泰、康六陵，陵前是没有神功圣德碑和碑亭的，正是因为六陵没有神功圣德碑，所以，嘉靖皇帝在嘉靖十六年（1537）七月，对大学士夏言说：天寿山陵寝中，只有长陵有功德碑，而其他六陵没有。这样没法彰显列圣的功德。于是他下令增建了六陵的神功圣德碑和碑亭。

另外，由于嘉靖皇帝在嘉靖十七年（1538）时将永乐皇帝的庙号由太宗升格为成祖，为此也下令在长陵陵宫内增建一座圣绩碑亭，以彰显永乐皇帝的功德。这样，等于永陵之前的七座陵，每陵都增加了一座石碑和碑亭。

嘉靖二十一年（1542）五月，长陵的圣绩碑亭以及六陵神功圣德碑亭全部竣工建成。

礼部尚书严嵩奏请嘉靖皇帝，要他"亲御宸翰制文"[1]。那么，礼部尚书严嵩为什么要请嘉靖皇帝亲自撰写各陵的碑文呢？

原来，这是因为明太祖朱元璋在他亲自撰写的《皇陵碑文》中曾经说过："儒臣粉饰之文，恐不足为后世子孙戒。"意思是说，儒臣写的碑文，都是粉饰之词，恐怕不足以训诫后世子孙。所以，朱元璋废掉了翰林学士危素奉命撰写的皇陵碑文，于洪武十一年（1378）四月亲自撰写了皇陵碑的碑文。此后便形成了制度，成祖朱棣撰写了孝陵神功圣德碑文，仁宗朱高炽撰写了长陵神功圣德碑文，帝陵功德碑文出自嗣帝之手便成了明朝后世帝王遵守的定则。基于这个原因，嘉靖皇帝将自己的生父兴献王坟升格为显陵，在显陵陵前建造睿功圣德碑亭，其睿功圣德碑的碑文名义上也是出自嘉靖皇帝之手。

嘉靖皇帝既然为自己父亲的陵撰写了睿功圣德碑文，则新建的长、献、景、裕、茂、泰、康七陵碑文自然也应该由嘉靖皇帝来撰写了。但奇怪的是，碑文一事却始终不见下文，各陵碑竟都成了无字碑。而且，嘉靖皇帝为什么没有撰写碑文，明代文献也没有记载。所以，后来人们作出多种不同的推测。

有人认为，是嘉靖皇帝每天在皇宫举行道教的斋醮仪式，连政务都懒得处理，他根本就没有时间和精力去写。

还有人认为，嘉靖皇帝信奉道教，道教讲求"无为而治"，所以无字的碑较有字的碑，在等级上更高一等，是更高、更伟大的意境表现。

也有人推测，是皇帝谦虚，自己的功德让后世评价，所以都没有刻字。

但是，这些推理是站不住脚的。首先嘉靖皇帝虽然迷信道教，但也不是一点时间都没有，他完全可以大致起个草稿，让大臣们加以"润色"，

---

[1] 《明世宗实录》卷二六一。

最后以他自己的名义署名就是了。因为，嘉靖皇帝为父亲的显陵睿功圣德碑撰写碑文，就是让大臣们"藻润"而成的。《明世宗实录》卷八二记载，嘉靖六年（1527）十月，嘉靖皇帝在审定好显陵睿功圣德碑文后，召大学士杨一清、张璁、翟銮等人到文华殿，对他们说："我述说的皇考显陵碑文，全靠你们加以措辞润色。现在碑文已经定稿，把你们召来，特意酬劳你们。"接着，赏赐给杨一清蟒衣、麒麟衣各三套，玉带一条；赏赐张璁麒麟衣三套、玉带一条；赏赐翟銮云鹤衣三套、金花带一条。三位大臣上疏谢恩。嘉靖皇帝回答说："你们在谢恩中对我称颂太过了，我不过感念先人的恩德，对你们粗略说几句，你们就替我把碑文写好了，所以我才酬劳你们啊。"由此可见，嘉靖皇帝连草稿都没写，粗略地说上几句，大臣们就替皇帝把碑文写好了。当然，功劳还要记在皇帝身上，因此，《明世宗实录》中还不忘有一句总结的话"上亲制显陵文成"。所以，七陵碑文嘉靖皇帝照样可以让大臣们替写，最后由自己审定就是了。

其次，如果嘉靖皇帝认为碑上无字，等级更高，更显祖先功德无量，那为什么不在显陵前面的睿功圣德碑亭内也立一通无字碑呢？又何必劳心费力刻写碑文，而使父陵石碑降下一等呢？

至于让后人评说，就更不可能了。因为这些去世的皇帝他们哪里知道嘉靖皇帝要给他们立碑呢？

所以，这几种推测都不能成立。

那么，会不会是嘉靖皇帝原来就想在七陵分别立个无字碑，无字碑的竖立，只是取"彰显功德"的象征意义呢？

这种可能性也是不存在的。因为如果是这样，严嵩岂能不知？！他怎么会奏请嘉靖皇帝亲自撰写七陵碑文呢？！而且，嘉靖皇帝立碑的初衷是为了彰显列圣的功德，不通过文字记述的形式，怎么能够彰显功德呢？！

显然，七陵无字碑没有文字的结果并不符合嘉靖皇帝立碑的初衷。那么，合理的解释只能是嘉靖皇帝立碑本意是要刻字的，但后来因为某些特定的原因，他才搁笔不写。

那么，这个特定的原因是什么呢？

根据当时的历史情况分析，应当是当时"大礼议"之争，在他的心理上形成了难以抹去的阴影，使他对明孝宗弘治皇帝的张皇后，也就是后来的张太后，以及明武宗的夏皇后产生了强烈的不满，最后甚至达到了仇恨的心理。

那么，嘉靖皇帝对张、夏两位皇后的仇恨，与明陵无字碑又有着什么关系呢？

因为按照礼制，明陵的神功圣德碑文，不仅要写皇帝的功德，也要写皇后的"协赞治平"之功。明孝宗的张皇后是嘉靖二十年（1541）去世的，明武宗的夏皇后是嘉靖十四年（1535）去世的。嘉靖皇帝要为孝宗的泰陵、武宗的康陵撰写碑文，自然绕不过张、夏两位皇后。

可是，以嘉靖皇帝那种心胸狭窄、睚眦必报的个性，是绝对不会心甘情愿地为张、夏两位皇后写出赞颂的碑文的。但是，又不能只写皇帝，不写皇后，因此，嘉靖皇帝对于泰、康二陵碑文只能搁笔不写了。但是，从礼制的角度看，嘉靖皇帝又不能只写长、献、景、裕、茂五陵碑文，而空下泰、康二陵碑文不写。也正是如此，才导致了七陵石碑虽立，嘉靖皇帝却宁可让石碑空着，也不写碑文了。所以，长陵的这座龙趺碑形式的圣绩碑，以及献、景、裕、茂、泰、康六陵陵前的神功圣德碑，便都成了"无字碑"。此后的永、昭、定、庆、德五陵陵前的神功圣德碑，只好都率以为制，做"无字碑"的形式了。

那么，为什么说嘉靖皇帝在"大礼议"之争中，对明孝宗的张皇后结下了仇恨，并且波及明武宗的皇后夏氏呢？

首先，看看嘉靖皇帝对明孝宗张皇后的态度。

在嘉靖皇帝看来，自己的母亲刚进皇宫时，张皇后竟然按照藩王妃的礼仪对待，对自己也有一种居高临下的感觉。对于这一点嘉靖皇帝心里一直都很不满。特别是经过"大礼议"之争，我们从历史资料看，张皇后在"大礼议"的整个过程中，并没有刻意地操弄大臣们与嘉靖皇帝作对。是当时的杨廷和等大臣，打着维护礼制旗号，坚持要嘉靖皇帝称孝宗为皇考，称张皇后为圣母。张皇后的心中最多只是"乐见其成"而已。但是，嘉靖皇帝认定张皇后就是这些大臣的后台，都是她鼓动的。因此对她痛恨不已，甚至称她是"宫中久恶之妇"[①]，并且，因此还牵连到武宗的夏皇后。因为，明孝宗的张皇后和明武宗的夏皇后，毕竟是婆媳，是一家人。

可是，嘉靖皇帝恨归恨，但毕竟张皇后是自己的长辈，自己的皇位也是从武宗那里继承的，所以嘉靖皇帝不能在明面上直接对张、夏两位皇后怎么样，但他为发泄自己的恨意，还是采取了这种对她们的家人进行惩治的方式，从而间接地打击她们。

例如，张皇后有两个弟弟，大弟弟是昌国公张鹤龄，小弟弟是建昌侯张延龄。他们兄弟两个作为皇亲国戚，在弘治、正德年间，凭借张皇后的权势，肯定是作恶多端，有很多不法的行为。但是，只要不是谋反，一般情况下都不会有什么事，顶多是皇帝惩戒一下，下次不敢就行了。但是嘉靖皇帝出于对张皇后的仇恨，利用各种机会，对他们兄弟两个下死手，欲置他们于死地。

当时有人告发张延龄有不法的事。嘉靖皇帝就想利用这个机会给他定"谋逆"罪，以便"族其家"，杀掉他们全家。张皇后知道后，非常惶恐，但是又没有办法。她想乘嘉靖皇帝得儿子的机会，面见嘉靖皇帝，为兄弟求情。但是，嘉靖皇帝根本就不见她。这时，虽然刑部经过审讯认为，

[①] 《明世宗实录》卷九四。

张延龄擅买田宅，杖死佣人、婢女等事都有佐证，说他阴谋不轨，却没有谋反的证据。但嘉靖皇帝根本不管这一套，他怒斥刑部，强行下令定为谋逆罪。

张皇后无奈之下，只得让内官传话给嘉靖皇帝："张延龄的事就算了吧。"可是嘉靖皇帝哪里肯罢休，为了避人耳目，他想借内阁之手拟定张延龄谋逆之罪。但内阁不赞同兴大狱，族诛孝宗张皇后的亲属。嘉靖皇帝考虑到也不能与群臣对立，招致舆论反对，只得同意刑部意见，在嘉靖十二年（1533）以杀人罪定张延龄死罪。但是，为了给张皇后造成心理上的更大压力，牵制张皇后的势力，嘉靖皇帝不立即处决张延龄，而是长系狱中，直到张皇后在嘉靖二十年（1541）去世，又过了五年，才将他处以斩刑。

对张鹤龄嘉靖皇帝也没有放过。嘉靖十二年定张延龄死罪时，就把他的爵位革去，降为南京锦衣卫指挥同知。嘉靖十六年（1537），有人诬告张延龄、张鹤龄兄弟二人使用旁门左道，诅咒皇帝，而且牵连到张皇后，结果张鹤龄也被逮捕，死在监狱之中。

对明武宗的皇后夏氏，嘉靖皇帝也是极尽打击之能事。嘉靖八年（1529），京城百姓张福告发当地市民张柱杀害了他的母亲。结果，东厂将张柱逮捕，并把审讯结果报告给了嘉靖皇帝。

嘉靖皇帝下令由刑部定罪，刑部判决张柱死罪。张柱不服，这时张福的姐姐和邻居们都作证说，张柱是冤枉的，是张福杀了自己的母亲。刑部郎中魏应召经过复审核实后，认为张福的姐姐说的符合事实，于是，改判张福死罪。

原本事情已经搞清楚，张柱是冤枉的。但是，因为东厂的人侦查到张柱是明武宗皇后夏氏娘家人的仆人。嘉靖皇帝因为"大礼议"之争，不但痛恨明孝宗的皇后张氏，也对明武宗的皇后夏氏不满，因此他不顾事实真相，宁可制造冤案，也要处死张柱。

所以，当东厂的人把刑部的判决意见报告给嘉靖皇帝后，嘉靖皇帝十分震怒，竟要三法司及锦衣卫将魏应召逮捕，又下令重新审理此案。右都御史熊浃重新审理后，认为魏应召的审理事实清楚，判决没有问题，应该定张福死罪。但是，没想到嘉靖皇帝更为震怒，他指责熊浃徇私情，袒护魏应召，将他革职。然后下令对魏应召和张柱严刑拷问，吓得刑部官员一个个噤若寒蝉，不敢发声。

只有给事中陆粲和刘希简继续坚持刑部的判决正确，并且委婉地劝说嘉靖皇帝不要制造冤案。但是，嘉靖皇帝不但不听，还下令将陆粲、刘希简下锦衣卫拷讯。刑部官员不得已，只好迎合圣意，判处张柱死刑，张福的姐姐被杖打一百，魏应召以及有关证人全部发边远地方充军。而京师的人，都认为张柱蒙受了不白之冤。

由此可以看出，嘉靖皇帝对明孝宗、明武宗这一支，确实是非常反感的，尤其是他们的后家。所以，在这样的历史背景下，无字碑的出现绝非偶然。它是"大礼议"之争的延续，也是皇室宫廷斗争的一个物化反映。

三、碑兽别名

那么，天寿山明陵碑首的龙和碑趺的龟，在古代还有其他的名称吗？答案是有。

碑首的龙，《大明会典》卷二〇三称其为"螭"。螭，又名螭虎，是传说中的动物。明陆容《菽园杂记》卷二记载，说"螭虎，其形似龙，性好文彩，故立碑文上"。也就是说，碑首的雕龙名字叫螭虎，它的形象像龙，因为喜欢文彩，所以雕刻在碑文的上面。

此外，还有"龙生九子"的传说。人们认为，龙有九个没有成龙的儿子，因为它们各有自己的喜好，所以成为不同物品上的偶像。例如，明李东阳《怀麓堂集》、谢肇淛《五杂俎》、谈迁《枣林杂俎》都有这样的记载。其中，"赑屃"，因为它喜好文章，所以碑首上面两旁的雕龙是它的形象。而"霸下"因为喜好负重，所以碑座的石龟是它的形象。

当然也有人认为碑下的石龟是赑屃。例如，明李时珍《本草纲目》、清阮葵生《茶余客话》都是这样记载的。在他们看来，喜欢负重的不是霸下，而是赑屃。还有宋李诫《营造法式》卷三则有"赑屃鳌坐碑"的记载，认为碑首的雕龙是"赑屃"，碑下的龟座则是海中的大龟"鳌"。

这些说法其实都来自神话传说，没有对错之分，尽管各不相同，但使这种碑式显得非常有神秘感。

四、石碑安装

这些石碑都非常重，在没有现代的起重设备的情况下，是怎么立到石龟座上的呢？

文献不曾有相关的记载。但是，明万历时人谢肇淛《文海披沙》卷五"龟不见碑"条，记载了明太祖朱元璋孝陵神功圣德碑的安装情况。永乐皇帝为明太祖孝陵建造神功圣德碑，非常高大，都已经凿刻完毕，但是碑趺太高，石碑怎么也立不上去。管工官员非常着急，但想不出办法来。有一天，他在夜里做了一个梦，梦见一位神人对他说："欲竖此碑，当令龟不见碑，碑不见龟。"醒了之后，他反复琢磨，终于明白，是神仙要他采用土屯的方法。于是，他让人用土在龟座的周围堆起来，与龟座一样高，然后将石碑通过土堆拉到石龟上，把碑竖了起来。这个记载颇像神话传说，但是用土屯的方法确实能将石碑立起来。

不过，按照当时的施工技术，利用杠杆原理，把石碑立起来，也是同样能够做到的，而且施工更为简便。在古代有一种叫"天秤"的起重方法，就是利用杠杆原理做到的。这种方法，是在需要起重的地方，四面用高高的杉木搭起架子，架子的上面有横木，横木上系绳子拴秤杆。这根绳子也叫"秤毫"，可以起到力的"支点"作用。秤杆是一根长长的圆木，就像真正的秤杆一样，一头粗一头细，粗的那头叫秤头，细的那头叫秤尾。利用制作杆秤的原理，根据石料的重量，以及一根秤杆所能称起的重量，计算出应该使用多少杆秤。

例如，清光绪皇帝的崇陵在修建时，竖立石质望柱，以及石五供、地宫的大块石料时，都采用了这种方法。

《崇陵工程做法册》记载，在竖立两根石质望柱时，经过工程人员计算，每根望柱重35867斤，每杆天秤能称起800斤重，所以将一根石望柱竖起，这套架子上要拴挂44杆天秤，才能把望柱吊起来。因为天秤起吊的幅度有限，所以必须随着起吊的高度，轮番上移起吊。因此，在起吊望柱时，包括轮番使用的一组天秤，总共使用了88杆天秤。

起吊石刻望柱使用了多少人呢？只用了6个人。其中，捥绳叫号搭彩匠2个人，这2个人的任务是捆绑绳索、给大家喊号一起用力，还有搭架子。另外还有坠后手壮夫4个人，他们的任务是通过绳索把天秤秤尾拉下来，把望柱吊起。

古建专家井庆升在《清式大木作操作工艺》中，写"起重架"时特别谈到了"天秤"的使用一事。并且还画有起重架上拴挂天秤的图样。清代的工程做法，基本是沿用明代的，没有大的变化。因此，我们推测，天寿山明陵的这些石碑更有可能是采用"天秤"的方法，而不是用土屯的方法竖立起来的。

更多精彩 扫码观看

12·1·泰陵无字碑

12·2·长陵龙趺碑正面

第十二章 无字碑谜

239

0 0.3m

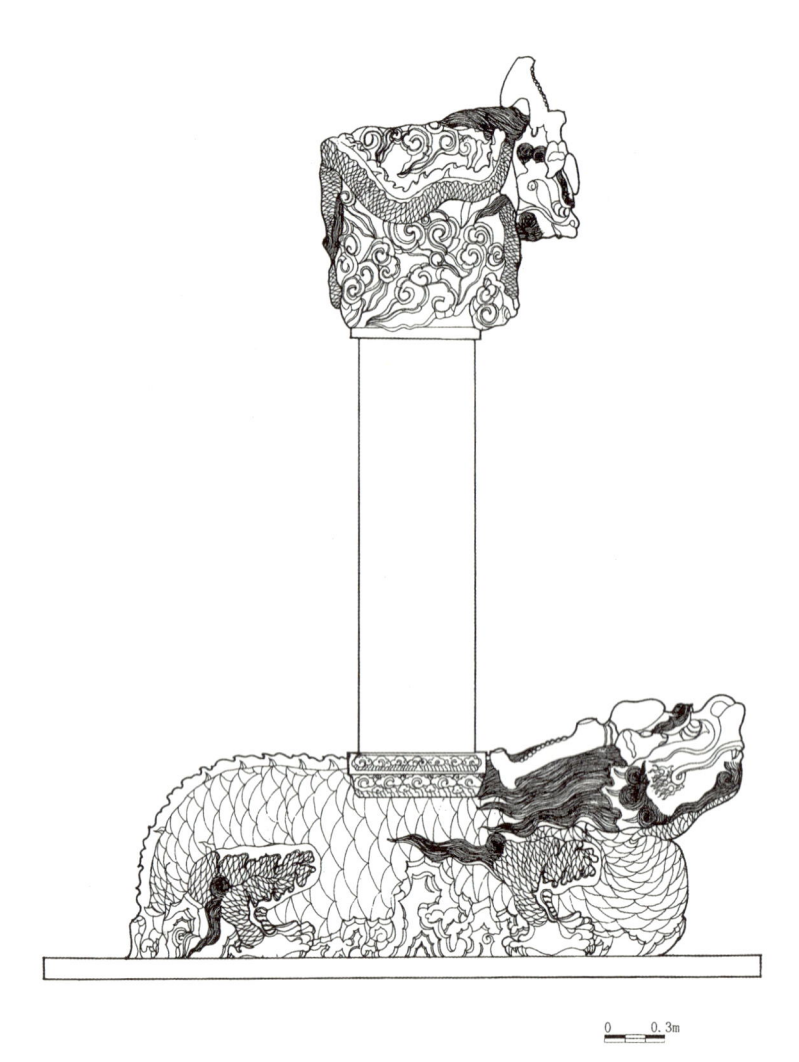

12·3·长陵龙趺碑侧立面图（天津大学建筑系测绘）

12·4·孝宗皇后张氏画像

12·5·武宗皇后夏氏画像

12·6·清光绪崇陵望柱（张瑜供稿）

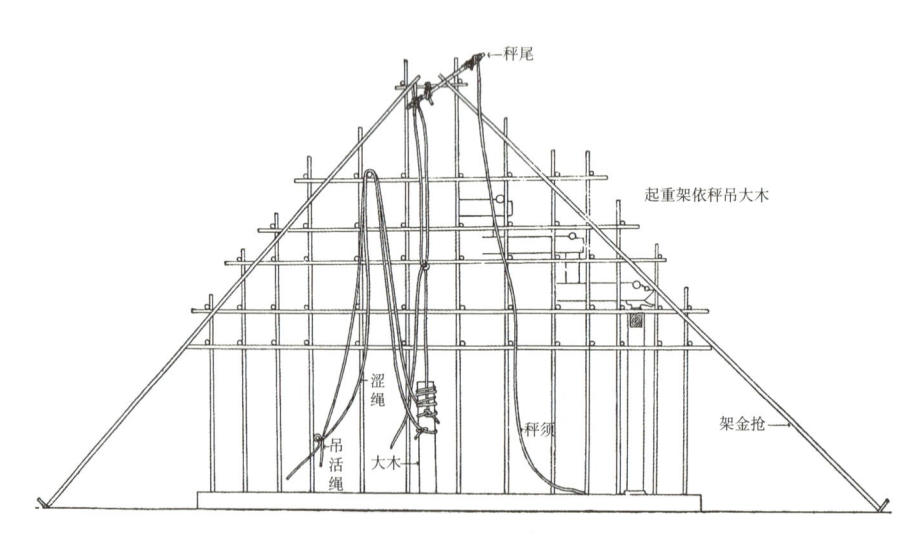

12·7·井庆升《清式大木作操作工艺》天秤示意图

第十二章 日暮思陵

明十三陵中的每座陵，除了大殿、配殿、宰牲亭、神厨、神库等建筑，还都有明楼、宝城，作为地下宫殿的保护性建筑。但是，明十三陵的最后一陵——思陵在建成时，却没有明楼、宝城，那些附属建筑更是没有修建，给人一种不伦不类的感觉。

从规模上看，不要说不如献陵、景陵这样的号称"最朴""最小"的陵园规模大，就是和明十三陵中的东西二井妃子坟相比，规模也要小得多。

这是为什么呢？今天这一章，就讲讲有关思陵在明朝灭亡后不同寻常的一段历史。

思陵，位于明十三陵陵区西南侧的鹿马山（又名锦屏山或锦壁山）南麓，埋葬着明朝最后一帝崇祯帝朱由检及皇后周氏、皇贵妃田氏。

思陵，虽然是明十三陵之一，但是它的陵寝建筑中却只有地下宫殿是明朝时的建筑，而且当时是一座妃子的墓葬。地上建筑都是清朝入关以后才建造的，甚至连思陵的陵名都是由清朝给定的。这是什么原因呢？

一、崇祯亡国的历史原因

首先从崇祯皇帝朱由检是怎么把大明江山弄丢了谈起。

崇祯皇帝朱由检，是明光宗的第五个儿子，万历三十八年（1610）

生，天启二年（1622）封信王，天启七年（1627）八月即位，次年改元崇祯。

崇祯帝即位时，内忧外患严重。东北地区，后金势力日益强大，辽东重镇的多处城堡已经失陷。西北地区，更是连年干旱，蝗虫遍地，颗粒无收。老百姓不得不吃蓬草，剥树皮，以石粉充饥，甚至出现了人吃人的现象。各地农民起义也此起彼伏，特别是王嘉胤、高迎祥领导的农民起义军，攻城陷地，声势越来越大。而在统治集团内部，党争严重，吏治腐败，贪污成风，政治十分黑暗。

崇祯帝初入皇宫，保持了较为清醒的头脑。他翦除擅权乱政的太监魏忠贤，调整内阁班底，同时，痛扫阉党余孽。还根据翰林院编修倪元璐的建议，为遭受迫害的东林党人平反翻案，下令撤回派往各处的镇守内臣，改由总督、巡抚专理边政。崇祯帝的这些政治措施，使"朝端渐见清明"，对巩固崇祯初期的政治统治起到了很大作用。

崇祯皇帝在位17年间，一直比较勤政，宫廷生活也比较简朴，并且一直梦想着中兴明朝。但是，尽管如此，大明的江山还是在崇祯皇帝手里丢掉了。

原因是多方面的。

首先，从客观条件来看，他的前任皇帝明熹宗给他留下的确实是难以收拾的残局。不仅后金势力虎视眈眈，觊觎着大明江山，而且，中原也是遇到了罕见的天灾，农民起义风起云涌，大有燎原之势。所以，在内忧外患如此严峻的形势下，崇祯皇帝确实是回天无力了。

其次，从崇祯皇帝的主观条件来看，他又缺乏治国理政的才能，所以在决策上往往优柔寡断，判断失误，常常坐失良机。例如，崇祯十四年（1641），明清的松锦会战，开始时崇祯皇帝是支持蓟辽总督洪承畴且战且守、稳步推进的战略的，但后来明军稍有小胜，崇祯帝就草率地听从兵部意见，下令洪承畴速战速决。结果导致明军八镇兵马13万人，被清军打得溃不成军，53000多人被歼灭。第二年，宁远以东的松山、锦州、塔山、杏山四城相继陷落，洪承畴被俘降清。辽东形势越发不可收拾。

另外，为扭转危局，崇祯皇帝显得过于急躁，特别是他心胸狭窄，刚愎自用和猜忌暴戾的性格，导致了他不能选贤用能，大臣们做事，往往多方掣肘，难以任事。甚至没有搞清事情真相，就诛杀大臣，凌迟处死督师蓟辽的袁崇焕就是最典型的一个案例。而才能平庸、嫉贤妒能的官员，如兵部尚书杨嗣昌那样的人反而长期受到重用。

在崇祯皇帝看来，他并不是亡国之君，而大臣们是亡国之臣。清朝的嘉庆皇帝也说："明之亡，不亡于崇祯之失德，而亡于神宗之怠惰、天启之愚呆。"[①] 从客观条件分析，这种说法不能说没有一点道理。但崇祯皇帝处理朝政的无能和重大事情决策的屡屡失误，确实是明朝灭亡的重要原因。所以，明朝的江山还是在崇祯皇帝手上丢了。他自己也在走投无路的绝望中自缢身亡。

二、崇祯皇帝之死

崇祯皇帝当时是在什么情况下、在哪里自缢身亡的呢？

崇祯十七年（1644）三月，李自成领导的农民起义军连陷大同、宣府，势如破竹，很快攻打到北京城下。十八日，太监曹化淳打开彰义门投降。吴伟业《绥寇纪略》记载，当天夜里，崇祯帝登万岁山，也就是现在的景山，四面观望，见大势已去，便换上便服，带上佩刀，想从正阳门出去。守门军不明情况，以为皇宫内变，遂返炮拒击。这时走在前面的太监

---

① 长陵神功圣德碑右侧刻嘉庆九年清仁宗嘉庆皇帝御制《谒明陵纪事》。

大声喊说："是皇帝的大驾到了！"守城军才停止炮击。但这时，崇祯帝发现北京的内城已经沦陷，出不了城了，于是又返回皇宫。他对皇后周氏说："大事去矣，尔为天下母，宜死！"①意思是说，现在大势已去，你是国母，应该去死。皇后与崇祯皇帝相对恸哭说："我侍奉陛下18年，陛下从来都不肯不听我一句话，今天一同为社稷而死，又有什么遗恨呢！"说完，皇后周氏回到坤宁宫自缢而死。

崇祯帝自知日暮途穷，连喝数杯酒，下令东西六宫的妃嫔及懿安皇后自尽，又传令太子及二王改装出走。接着，他到寿宁宫，用宝剑砍断长平公主的左臂，杀昭仁公主于昭仁殿。

天快亮时，崇祯帝到前殿亲自鸣钟集百官，想孤注一掷，作最后挣扎，但大臣们一个也没到。崇祯帝走投无路，只好登上万岁山，在寿皇亭旁的一棵大树下自缢而死。死时光着左脚，右脚穿红鞋，身穿蓝衣，衣襟前写着："朕自登极十七年，逆贼直逼京师。虽朕薄德匪躬，上干天咎，然皆诸臣之误朕也。朕死无面目见祖宗于地下，去朕冠冕，以发覆面，任贼分裂朕尸，勿伤百姓一人。"②意思是说，我登极十七年，这些乱贼一直打到京城。虽然我德行浅薄，没有亲力亲为，受到了上天的责罚，但都是大臣们误导了我。我死了，也没有颜面到地下去见祖宗。所以我把冠冕去掉，用头发遮盖我的脸。贼人可以随便分裂我的尸体，但是不要伤害一个百姓。

太监王承恩随崇祯帝一同上山，跪拜恸哭，在崇祯帝前跪着上吊而死。

十九日中午，李自成的农民军攻入皇宫，在清宫过程中，没有找到崇祯帝。二十日中午，发现崇祯帝已经在万岁山自缢身亡。

---

① （清）吴伟业：《绥寇纪略·补遗中》。
② （清）谷应泰：《明史纪事本末》卷七九《甲申之变》。

三、李自成农民军礼葬崇祯帝后

那么,李自成会怎样处理崇祯帝后的尸体呢?

李自成发现崇祯帝自缢身亡之后,命人用两扇门板将崇祯皇帝和皇后周氏的尸体停在东华门侧,装入柳木棺内,搭盖了临时灵棚。

二十三日重新改殡,用红漆棺装殓崇祯皇帝,黑漆棺装殓周皇后。入殓时,崇祯帝头戴翼善冠,身着衮玉渗金袍,周皇后也依照制度加上袍带。

《明史纪事本末》卷八〇《甲申殉难》记载,帝后棺椁在东华门所设灵棚内连停数日,明朝的官员都不敢去看。只有襄城伯李国桢去掉头上的帽子,满脸泥垢,踉跄奔赴,跪在梓宫前大哭。农民军将他抓住见李自成。他用力挣脱后,用头撞向台阶,满头是血,流了一脸。李自成劝他投降。他说:让我投降必须答应三件事:一是明代帝王陵寝不能发掘破坏,二是用天子礼葬崇祯皇帝,三是不能加害太子及二王。李自成一一答应。

但是,由于崇祯帝生前并没有预建陵寝,所以李自成决定将崇祯帝和周皇后葬入崇祯帝生前的宠妃皇贵妃田氏的墓中。

皇贵妃田氏,陕西人,左都督田弘遇女。崇祯元年(1628)封礼妃,后来又晋封为皇贵妃。田氏寡言少语,但是很有才艺,尤善抚琴。她生有皇子四人。崇祯十三年(1640),所生皇五子病逝,田妃从此忧郁患病。崇祯十五年(1642)七月去世,崇祯十七年(1644)正月葬入坟园内。但当时地面建筑还没有建成,明朝就灭亡了。

三月二十五日,大顺政权顺天府官员,责令昌平州官吏马上动用官银打开田贵妃墓葬,安葬崇祯皇帝和皇后周氏。并定下安葬时间:四月初三日发引,也就是平常人们所说的出殡;初四日下葬,不能拖延时间。

可是,因为当时昌平州"钞库如洗",没有一点银子可用了,但是葬期又十分紧迫,所以当时担任署昌平州吏目(大约相当于现在所说的办公室秘书）的赵一桂，只好与监葬官、礼部主事许作梅商议，带上工房人员进京禀报顺天府。经再三请示，府官才批示："着该州各铺户捐挪应用，事完再议。"①也就是说，顺天府是要赵一桂到昌平州的各商业铺户，去组织捐款，完了事再说。

清康熙《昌平州志》卷一七《陵墓》记载，赵一桂回州后，随即组织募捐。先后有十人捐助铜钱共350千文。但是，清光绪《昌平州志》卷一二《冢墓》记载，赵一桂在《呈开圹捐葬事》中却说他实际得到的是340千文。当时是1500文的铜钱相当于一两银子，所以这340千文折合白银为226两多一点。不管赵一桂得到的是340千文，还是350千文，反正他们用这些钱，完成了崇祯帝后的整个葬仪，包括雇夫头包揽开挖、掩埋隧道、搭盖灵棚等各项开销。

明朝时皇帝的发丧，耗费巨大。例如，明仁宗安葬献陵时，仅护送棺椁就用了中军都督府官兵27000余人。这些人的开销，少说也得几万两银子，末代君主只用几百两银子就发送了，确实是莫大的讽刺。

田贵妃墓的规模不算大，用了四昼夜的时间，就挖开了隧道。

初四日早晨，见到了地宫石门。用"拐钉钥匙"推开头层石门，里面是三开间的香殿，中间悬挂两盏万年灯，油缸内的灯油仅剩二三寸深，缸底都是水。殿内的陈设物，前有石香案，两边排列五彩绸缎制作的侍从宫人。田贵妃生前所用器物、衣服盛贮在大红箱内。东间石寝床上铺栽绒毡，上面叠放着被、褥、龙枕等物。由于地宫内潮湿，衣、被等物多因浸泡，上面有很多黑色斑点。被褥仅一面用锦绣，其余都用布缝合；金、银器皿也都是用铅铜冒充的。

打开第二层石门，里面是通长大殿九间，石床上面停放着田贵妃的棺椁。

---

① （清）朱孔阳：《历代陵寝备考》卷四九引沈士全《健笔录》。

下午，帝后棺木送到，经过一番祭奠之后，众人将田贵妃的椁（棺外木套）打开，先将田贵妃的棺木移出，放在石床右侧；然后将周皇后的棺木放在石床左侧；最后将崇祯帝的棺木放入田贵妃椁中，停放在石床正中位置。棺椁之前各设香案祭器，点起万年灯，遂将两座石门关闭，将隧道填平。

初六日，赵一桂率捐葬的乡绅人等再赴葬所祭奠。祭祀结束后，从附近西山口等三村拨夫百名，各备铁锹、土筐，为崇祯帝堆起了坟冢。赵一桂、孙繁祉又捐银五两，买砖在冢周修筑了五尺高的围墙。

崇祯帝和周皇后，就这样葬入了田妃墓中。

人们或许会问：李自成的农民起义军与昏庸腐朽的明朝皇帝不是敌对的关系吗，怎么还会用天子的礼仪安葬崇祯皇帝呢？

其实，这与李自成所处历史时代的局限性有关。那时的农民起义军，虽然对明朝的腐败非常痛恨，并因此揭竿而起，要推翻明朝的统治，但是李自成以及当时的农民起义军将领，还是认为，明朝的腐败主要是贪官污吏横行。而崇祯皇帝还算不上昏庸的君主。所以，李自成的农民军在攻占太原后，曾在太原城中四处张贴檄文。檄文中说："君非甚暗，孤立而炀蔽恒多；臣尽行私，比党而公忠绝少。"[①] 意思是说，皇上还不是特别昏暗，他多数情况是被群臣孤立和蒙蔽的；臣下都是干自己的私事，他们结党营私，为公尽忠的人太少了。

看得出来，李自成的农民军最痛恨的是朝廷的腐败和贪官污吏的横行。对崇祯帝则是恨其不争，把朝政搞得一塌糊涂。

总之，他们心目中似乎对这位皇帝并没有那么大的仇恨。特别是看到崇祯帝衣襟上写的字，更觉得他并不是一个坏皇帝。所以，他们对崇祯

---

① （明）计六奇：《明季北略》卷二〇。

帝实际上是带有几分怜悯的。正因为如此，他们不但"以天子礼"安葬了崇祯帝后，还厚待崇祯皇帝的三个儿子，封太子为宋王，永王和定王封为公爵。

四、清朝定鼎，建造思陵

当然，李自成的农民军并没有在北京站稳脚跟，随后就被镇守在山海关的吴三桂引领清兵打败。清军在摄政王多尔衮的率领下，于五月初三进入北京。

为笼络汉人为清廷效力，多尔衮在第二天就下令官民为崇祯帝服丧三日，并命礼部、太常寺"备帝礼具葬"，也就是说，他们并不认可李自成的农民军大顺政权的安葬，他们要按照皇帝的礼仪重新对崇祯帝进行安葬。二十二日，又下令为崇祯皇帝"造陵墓如制"[1]，随后定陵名为思陵。

然而，思陵的改葬开隧和陵墓建筑的营建却迟迟没有动工。清朝朝廷既然决定为崇祯皇帝修建陵园地上建筑，落实起来为什么这么难呢？

主要原因有两个。

首先是负责营建工程的宦官们不积极。该工程本应由工部及内官监负责，工部却因缺员而不能分任。而内官监虽已责成总理冉维肇，管理高推、王应聘三人专司督理，但大概是由于"故君之事，既无赏可冀，又无罚可畏"[2]，也就是说，在他们看来，办理以前君王的事情，既没有希望得到奖赏，也不用害怕受到什么惩罚，所以，虽经原任明朝司礼监掌印太监的曹化淳屡次劝勉，三人总是置若罔闻，三秋已过，冬至将临，开工仍杳无日期。

---

[1] 《清世祖章皇帝实录》卷五。
[2] 1930年南京国民政府中央研究院历史语言研究所编《明清史料》丙编《原任司礼监太监曹化淳等移内院文》。

为此曹化淳不得不在顺治元年（1644）十一月上奏说：不知道这些负责施工的官员是怎么想的？现在天气虽然冷了，但地气还是温暖的。现在可以挖开隧道，先改葬好先帝，然后等来年春天，再立碑建亭。如果再这样耽搁下去，晚一天动工，则晚一天竣工。这怎么能落实皇上"作速报竣"的谕旨呢？

顺治皇帝览奏朱批："思陵作速经营，已奉有旨，该监何得玩泄？冉维肇等姑且不究，著即刻期赴工，先开隧道，其余俟来春报竣。如再延逶，定行重治。"① 顺治皇帝朱批的意思是，尽快建造思陵，你们几个太监已经奉旨行事，怎么还玩忽职守？冉维肇等人，暂且先不追究你们的责任。但是，你们要立即动工，先打开隧道，其余的事情等来年春天再完成。如果再推诿拖延，一定对你们治以重罪。

在顺治帝的严旨切责下，负责思陵营建的冉维肇等人只得尽快趋赴工所，并于十一月二十九日兴工开挖隧道，思陵采石等工作也正式开始。十二月初，思陵营建所需石碑、石座，都运到了北京城北安门外西步梁桥东，并号有"锦壁山（鹿马山别名）工用"字样。

其次是工程所需银两不能及时到位。当时，本应同时并举的工程计有三项：一是思陵营建，二是葬张皇后于德陵，三是葬万历妃刘氏于银钱山。三项工程估价为3000两白银。银两的来源，原奉旨赐陵地租银1500两，文武百官及内臣捐助1500两。

但事实上，直到该年十二月，工程所需银两却不知从何处关领。多方劝捐的650两虽已汇交给工部营缮司，文武大臣捐助之银却还差一半多没有凑齐。所以，工程开始时，工部所掌握的银两只有1000两，而开工时督

---

① 1930年南京国民政府中央研究院历史语言研究所编《明清史料》丙编《原任司礼监太监曹化淳等移内院文》。

送至工所的银两只有 110 两。

为此，曹化淳和车应魁等人只得一再向相关衙门催办银两解送事宜。在曹化淳等人的催促下，银两逐步到位。顺治二年（1645）九月，思陵改葬等工作终于完成。接着，又用剩余银两建造了香殿。

十月二十七日，平西王吴三桂又捐银千两，助建思陵，思陵的工程才暂告一段落。

顺治十六年（1659），思陵的建筑又稍有变化。那年三月，陵前增碑亭一座。碑亭内立石碑一座，碑额刻"敕建"两字，说明是顺治皇帝下令建造的。碑文为大学士金之俊奉敕撰写的《皇清敕建明崇祯帝碑记》。

另外，清军入关后，初定崇祯帝的庙号为"怀宗"，谥"端皇帝"。但是后来大臣们认为："兴朝谥前代之君，礼不称宗。"[1] 就是说，后来兴起的朝廷对前朝帝王的追谥，按照礼制不应当称庙号"宗"。因为庙号中的"祖"和"宗"都是某一朝代皇室宗庙的称号，后来兴起的朝廷在血统上不是宗族的关系，所以不应该称"宗"。

顺治皇帝觉得有道理，在顺治十六年（1659）十一月，去掉了崇祯帝"怀宗"的庙号，改谥为"庄烈愍皇帝"。按照谥法的含义，"庄"字寓意"严敬临民"，意思是说他以严肃和恭敬的态度对待人民；"烈"字寓意"安民有功"，意思是说他在安定百姓方面有功劳；"愍"寓意"佐国逢难"，意思是说他在治理国家中遇到了灾难。由于崇祯皇帝有了新的谥号，所以陵内碑亭内的石碑字迹，由原来的"怀宗端皇帝之陵"改刻为"庄烈愍皇帝之陵"。

综上所述，清顺治时期所建造的思陵，与明代前十二陵的制度是存在很大差异的。

---

[1] （清）吴振棫：《养吉斋丛录》卷二。

其一，殿宇规制小很多，且不说长、永、定三座规模较大的陵，即使是献、景等规模较小的陵，也都是享殿五间，左右配殿各五间。而思陵享殿、配殿都只有三间。

其二，天寿山明陵无论规模大小，都有明楼、宝城之设，而且宝城内的墓冢都比较高大。而思陵没有宝城、明楼，墓冢也极为低矮，仅设碑亭一座，代替明楼。

其三，天寿山明陵的石五供，都是由石供案、石香炉、石烛台（两件）、石花瓶（两件）组成的。而思陵则五件供器，都各有石台，落地而设。后面又另设一石供案，上面摆放石果盘五件。思陵的这种石五供样式，与天寿山前十二陵样式截然不同，却与北京石景山区翠微山下的万历时期当红太监田义墓葬的石五供极为相似。

那么，当初清廷下令建造思陵时说"造陵墓如制"，怎么会有如此大的差别呢？

分析起来，其原因有三。

其一，清廷下令建造思陵，政治目的是笼络汉族士大夫阶层为其效力，因此所谓思陵营建，也只是做做样子而已。

其二，如果按照天寿山前十二陵的规制营建，需要耗用大量的白银。以隆庆皇帝的昭陵为例，不算地下宫殿，光地上建筑就耗用白银150余万两。而思陵营建时，清廷刚刚入关，其财力主要用于剿灭李自成残余势力及南明政权，根本没有财力修建像前十二陵那样的陵寝。

其三，奉命修建思陵的主要是降清的前明太监。朝廷拿不出那么多银两修建思陵，他们又舍不得用自己的银子来修陵。所以，他们只能是根据清廷拨来的银两，能修什么就修什么。至于石五供，采用田义墓的样式，是因为他们都是太监。因为清廷对思陵的营建也没有完整像样的规划，所以这些太监修建思陵，不遵循前十二陵的样式，也不会受到指责。

思陵真正在形制上与前十二陵稍稍取得一致，是清乾隆五十年（1785）至五十二年（1787）那次修缮才得以实现的。

清乾隆年间，思陵先后两次修缮。

乾隆十一年（1746），因为思陵残坏厉害，曾进行一次修缮。但那次修缮，左右配殿被拆除。

乾隆五十年至五十二年那次修缮，享殿扩建为五间；陵门扩建为三间；碑亭后移，并加筑城台，改作明楼；后面的陵墙加高垒砌垛口，并与明楼下的城台连接，形成了宝城。外观猛然一看，与前十二陵略略相似了。

清朝灭亡后，军阀连年混战，侵华日军又蹂躏了中国大好河山，思陵屡逢劫难，残毁十分严重。地下墓室曾先后两次被当地土匪盗发。1947年，国民党军队为修炮楼，又大规模地拆毁陵园地面建筑。至中华人民共和国成立前夕，思陵已是满目凄凉，只有坟冢、楼殿遗址、石雕五供、碑石作为珍贵文物保存下来。

中华人民共和国成立后，思陵才得到应有保护。

现在的明思陵，虽然殿宇、明楼已经不存，但古陵残碑，松涛阵阵，仍别有一番意境。特别是残存下来的石雕艺术品，雕工精细，非常引人入胜。

石五供，分为前后两套。

前面的一套，是五个相互独立的供器，正中为香炉，雕为四足两耳的方鼎形；左右为烛台，台腹四面雕刻人物；最两边的是花瓶，瓶腹、瓶颈略呈圆形。五供器各施以石座。

后面的一套，祭案作翘头式闷户橱形状，四腿因项部内收而随势弯曲，足部外翻，还保留着明式家具线脚优美、雄浑大方的特色。案上放有石雕供果五盘：一盘为橘，一盘为柿，一盘为石榴，另外两盘分别为寿桃和佛手，形象十分逼真。

碑石雕刻也别有风趣。碑首作"四螭下垂"式，碑身左右雕升龙，碑座前雕五龙，后雕五麒麟，左右雕母狮背负小狮，母狮前还有小狮或作戏球状，或伏于母狮身下作哺乳状，形态极为生动。

思陵的西南侧，有随崇祯皇帝自缢而死的明朝司礼监秉笔太监王承恩的坟墓，系清顺治二年（1645）所葬。

不难看出，因为思陵是在特定的历史环境下形成的，所以，崇祯帝先后两次以帝礼安葬，陵寝建筑则经过了明朝、大顺政权、清朝三个不同时期的建造。其狭小的陵制，正是三个政权更迭的缩影。

更多精彩 扫码观看

13·1·思陵石五供

13·2·景山公园内崇祯皇帝自缢处

13·3·（清）梁份《帝陵图说》中的《攒宫图》

13·4·思陵陵前石碑

第十三章 日暮思陵

13·5·思陵石五供之香炉

13·6·思陵后套石五供

13·7·民国二十四年时的思陵明楼（采自 1936 年北平市政府工务局编《明长陵修缮工程纪要》）

13·8·王承恩墓

第十四章 天寿妃园

明十三陵的陵区内除了有13座皇帝陵寝，还有7座妃子坟。明朝自迁都北京后，皇帝的妃嫔大多都葬在了京西金山脚下。葬在明十三陵陵区内的大多为皇帝的宠妃，显示了皇家对她们的特殊礼遇。这7座妃子坟，分别为永乐、成化、嘉靖、万历四帝的妃子坟。

一、永乐皇帝的东西二井

东西二井系明成祖的两个皇妃之墓。其中，东井位于德陵左馒头山西麓，西井位于定陵右大峪山东麓。这两座坟墓既然是成祖皇妃墓，为什么不称坟或墓，而称为"井"呢？

明末清初时有人认为，这是因为东汉袁康所著《越绝书》上记有"禹井"，"井者，法也。禹葬以法度"，故名之"井"。对这种解释，明末清初学者顾炎武表示反对。他在《昌平山水记》中说："不烦人众，当曰命名之意，岂有取于此与？！"他认为，东西二井"其曰井者，盖不由隧道而直下，故谓之井尔"。《帝陵图说·长陵》也说："东井、西井当天寿山正东、正西之地。永乐间所置，取金井之义，下窆穿圹，不隧。"

应该说，梁份的"取金井之义"解释是对的。但"下窆穿圹，不隧"的推测，则不符实际。因为1996年曾有盗墓者，将东井墓室顶部挖开一些，笔者事后曾亲临现场，发现东井墓室的顶部由斜面形的蓑衣砖封顶，呈庑殿顶形制，正脊部位有断面呈三角形的砖眉子砌成正脊，其前部设有砖券及类似定陵地宫金刚墙式的砖堵墙。这种殿宇式的砖墓室，在墓主棺椁入葬时，只能从墓室前的砖券门进入，不会采用竖穴埋葬方式的"直下"入棺法。

二井的墓主，顾炎武《昌平山水记》和梁份《帝陵图说》均记载系成祖死后殉葬的十六名妃子。但实际上可能分别是永乐十八年（1420）七月去世的昭献贵妃王氏及永乐十九年（1421）三月去世的昭顺贤妃喻氏。

《大明会典》卷九〇《礼部·陵坟等祀》记载："长陵十六妃俱从葬。"当指永乐皇帝去世时，殉葬妃子都随从永乐皇帝葬入了长陵。否则，没法解释如果长陵东西二井是安葬殉葬妃子的，而献陵、景陵也有妃子殉葬，为什么却没有安葬殉葬妃子的妃坟。关于王氏的丧葬，《明太宗实录》卷二二七记"悉如洪武中成穆贵妃故事云"。而成穆贵妃孙氏，洪武七年（1374）九月去世，沈德符《万历野获编》记："太祖孝陵，凡妃嫔四十人，俱身殉从葬；仅二人葬陵之东西，盖洪武中先后殁者。"据此，则成穆贵妃的葬处应在孝陵之侧。王氏丧葬既如成穆贵妃故事，则其葬所自应是处于长陵两侧的东西二井之一。且《大明会典》卷九八记王氏丧礼，有"开茔域，遣官祀后土"之说，也证明王氏是自有一坟的。关于喻氏的丧葬，《明太宗实录》卷二三五记为"视昭献贵妃云"。如此，喻氏亦应是二井墓主之一。明代制度尚左，则东井所葬应是昭献贵妃王氏，西井所葬应是贤妃喻氏。

二井的园寝建筑，按《昌平山水记》所记，"并重门，门三道，殿三间（实为五间），两庑各三间，绿瓦周垣"。此外，还有嘉靖年间增建的石碣各一座。

目前，二井均有局部残墙、石碣及柱础石保存。

二、成化万贵妃墓

成化皇帝的皇贵妃万氏坟位于天寿山陵区内苏山东麓,当地人俗称为"万娘娘坟"。

成化皇帝,原名朱见深,天顺元年(1457)三月再次被立为皇太子之前,改名为朱见濡。是明朝第八位皇帝,英宗的长子,庙号宪宗。

成化皇帝在位23年,是一位比较平庸的皇帝。虽然在他这一朝,没有出现大的社会动乱和危机,但是在国家的治理上,也没有值得称赞、能够彪炳史册的突出治绩。

他不太勤政,说话时有些口吃。因为怕人笑话,所以他很少召见大臣商量国事。成化七年(1471)冬天,星象有变,大臣们纷纷借此机会,建议皇上召见大臣议政。成化皇帝因此召见了内阁大臣。但是君臣相见后,才说几句话,有位名叫万安的阁臣见了皇帝后,因为紧张,不知道说些什么好,竟然只是磕头、喊万岁,然后就要出去。成化皇帝一看,见大臣也没什么实际的意义,所以从那以后,成化皇帝就再也不召见大臣了。万安也因此落下一个"万岁阁老"[1]的绰号。

成化皇帝所任用的内阁大学士以及六部尚书,则都是一些庸碌无为之辈,所以,当时流传有"纸糊三阁老""泥塑六尚书"的歌谣[2]。特别是大学士万安,虽然外表看来,相貌堂堂,两道眉目就像刻画的一样,实际上却是一个投机钻营,只会向皇贵妃万氏献媚的人。他为了得到万贵妃的赏识,竟然以侄子自称。而就是这样一个人,竟然在成化朝的内阁待了19年之久。直到后来,弘治皇帝即位,发现他给成化皇帝呈上的一份奏章,竟然是房

---

[1] 《明史·万安传》。
[2] 《明史·刘吉传》。

中术方面的内容，也就是淫秽的内容，才下令把他革职。

这里谈到了万贵妃，她是成化皇帝最宠爱的妃子。她的家在山东诸城，父亲叫万贵，开始的时候是该县掾吏，类似现在地方政府的办事员。后来因为犯错误，被发配到河北霸州。

万氏小名叫贞儿，4岁入宫，开始时是宣德皇帝的皇后孙氏的宫女。正统十四年（1449），成化皇帝3岁时被立为皇太子，当时万氏20岁，她比成化皇帝大17岁。从那以后，万氏一直服侍在成化皇帝身边。

后来，成化皇帝即位，把她纳为妃子，对她恩宠倍加。其实论相貌，万贵妃并不是个美女。她说话声音很大，就像男人一样。所以有的文献记载她"貌雄声巨，类男子"[1]，还有的文献记载她"丰艳有肌"[2]，说明她还有些发胖。万贵妃虽然不是什么绝代佳人，却机警过人，非常会讨成化皇帝的欢心。成化皇帝每次出行，她都身穿铠甲，像武士一样走在前面。成化皇帝每看到她这样子，就高兴得眉飞色舞。

由于成化皇帝对万氏"三千宠爱在一身"，因此对皇后吴氏以及其他妃子都比较冷漠。用文献记载的话是"六宫希得进御"。有这样一位宠妃在成化皇帝身边，吴皇后心情自然不愉快。所以，她找机会把万贵妃痛打了一顿。成化皇帝知道后大怒，为了给万贵妃出气，下令把皇后吴氏废掉了。

成化二年（1466）正月，万氏生皇第一子，晋封为贵妃。不久，皇子病死，万氏不再生育。但是成化皇帝还是在成化十二年（1476）十月将她晋封为皇贵妃。

万氏在宫内恃宠妄为，据说弘治皇帝的母亲纪氏之死，就与她有关。

---

[1]（清）查继佐：《罪惟录》列传卷二。
[2]（明）沈德符：《万历野获编》卷三《宫闱》"万贵妃"条。

所以，弘治皇帝朱祐樘被立为皇太子后，他的祖母周太后恐自己的孙子再遭迫害，特意将其养育在自己居住的仁寿宫中。还嘱咐他到万贵妃那里千万别吃东西。万贵妃给他拿吃的，他说"已经吃饱"，给他盛汤来，他说"怕有毒"。万贵妃听了非常害怕，说："这孩子将来长大了，还不把我当鱼肉吃了啊！"从此，大病一场。

成化二十三年（1487）正月，万氏去世。其死因众说纷纭。

吴晗所辑《朝鲜李朝实录中的中国史料》中《成宗康靖大王实录》二记载，朝鲜的进香使李封曾经在弘治元年（1488）闰正月对朝鲜国王说：弘治皇帝在当东宫太子时，万氏害怕将来弘治皇帝报复自己，特地养了一只老鹦鹉，教它说："皇太子享千万岁。"训练好后，送给太子。不料太子一听鹦鹉这样叫，知道万贵妃是想在自己面前邀宠，于是拿起刀就要砍鹦鹉的脖子。万氏一看，自己在皇太子那里讨不到便宜，将来太子当了皇帝还有自己的好吗？因此害怕得自缢而死。

而明朝人沈德符的《万历野获编》记载，万氏殴打一名宫女时，因为发怒一口痰上来，被痰活活憋死了。甚至还有人推测，是"左右缢之"而死。所以，《明史·后妃传》对她的死，只简略地记载为"暴疾薨"。万氏去世后，成化皇帝十分悲痛，长叹说："万侍长去了，我亦将去矣。"因为过度悲伤，成化皇帝也在同年八月病故。

万氏去世后，成化皇帝下令将她葬在天寿山西南苏山东麓。园寝制度与永乐皇帝的妃子坟东西二井一样，平面作前方后圆的靶形，前设园寝门三道，内设殿门，门内院落中设有享殿五间、左右配殿各三间。坟头之前，设照壁、石五供和石碣一座。其中，石碣是一种体量比较小的石碑，上端碣首雕刻云凤，方座，无字，是嘉靖十五年（1536）十一月，嘉靖皇帝下令增建的。当初，礼部尚书严嵩本来是奏请要翰林院官员撰写碣文的，因为嘉靖皇帝没有为七陵写碑文，所以翰林院的官员也不好为妃子坟的石碣写碣文了。

弘治皇帝即位之后，御史曹璘曾经上疏取消万贵妃谥号，把她迁葬到别的地方。但弘治皇帝觉得，万贵妃毕竟是父亲的妃子，没有同意。

万贵妃坟的墓室，在1937年左右被当地土匪程彦斌等人盗发。墓室内凤冠、金银器物等被洗劫一空。当地人传说，这个土匪头子结婚时，新娘子戴的凤冠，就是从万贵妃墓中盗来的。地上建筑中，殿庑等单体建筑至迟在民国之前已毁，清朝时有农户入住，园寝之内因此成为自然村落。

三、嘉靖皇帝的三座妃子墓

嘉靖皇帝朱厚熜的妃子坟共有三座，都分布在思陵的西北袄儿峪一带。

第一座妃子墓，是原来孝洁皇后陈氏的悼陵，是一座皇后陵。

明朝的皇后陵先后建有两座。一座是恭让章皇后陵，这是一座由嫔坟升格而成的皇后陵，位于京西金山。宣德皇帝朱瞻基即位之后，册立胡氏为皇后。但宣德皇帝喜欢的是孙贵妃，所以就在宣德三年（1428）让胡氏上表辞去皇后之位，退居长安宫，改立孙贵妃为皇后。

正统八年（1443），胡氏去世。英宗上尊谥为"静慈仙师"，以嫔礼葬于京西金山。天顺七年（1463）闰七月，英宗听从钱皇后的建议，尊胡氏为恭让章皇后，把嫔坟扩建为皇后陵。

顾炎武《昌平山水记》记载，恭让章皇后陵有门三道、两重，享殿五间，两庑及周垣俱全，还建有石碑一座，无字。

明朝的另一座皇后陵，就是悼陵。这座陵虽然开始时是皇后陵，后来却成了妃子坟。

这是怎么回事呢？这与孝洁皇后早逝，后来又迁葬永陵有关。

孝洁皇后陈氏是嘉靖皇帝的原配皇后，嘉靖元年（1522）册立为皇后。

嘉靖七年（1528）十月去世，先葬天寿山袄儿峪的悼陵，隆庆皇帝登极后迁葬永陵。

这位皇后是怎么死的呢？《明史·后妃传》记载，有一天，陈皇后与嘉靖皇帝同坐，顺妃张氏和一位方姓妃子为嘉靖皇帝与陈皇后进茶。嘉靖皇帝看着两位妃子的手出了神。陈皇后看见后，心里不高兴，把杯子一扔，站起身来。嘉靖皇帝大怒，当时陈皇后已经怀孕，因受到惊吓，流产而死。

但是，吴晗所辑《朝鲜李朝实录中的中国史料》中《中宗大王实录》八的记载，与此又稍有不同。那本书记载，嘉靖十五年（1536）二月，朝鲜使臣金光辙从北京返回朝鲜。朝鲜国王接见了他。他向国王讲述了在北京的见闻。他说：我在路上遇见国子监的生员张云霓、魏朝聘两个人。我问他们皇帝的政令怎么样，他们回答说："皇帝喜怒无常，赏罚不明。"我问他们陈皇后是怎么去世的。他们回答说："当时顺妃张氏正受皇帝宠爱。有一天，在宴会中，陈皇后面露不快之色。皇帝让陈皇后进爵敬酒，因为陈皇后脸色不好，皇帝发怒了。所以，陈皇后三次敬酒，皇帝都不喝，还把酒杯摔在地上，紧接着又罚陈皇后长跪，自己却与张氏到别的房间寻欢作乐去了。直到深夜，才让陈皇后退回自己的宫殿。陈皇后因此伤心得病，没有几天就去世了。"

陈氏去世后，那位顺妃张氏被立为皇后。但是，她在嘉靖十三年（1534）正月时也被废掉了。最后又立方氏为皇后。

陈氏死后，嘉靖皇帝给她的谥号是"悼灵"，所以人们习称她的陵地为"悼陵"。从嘉靖皇帝所给的谥号可以看出，嘉靖皇帝对陈皇后是没有丝毫同情和怜悯之心的。虽然按照谥法，"悼"字寓意"中身早折"，而"灵"则有"死而志成""乱而不损""好祭鬼神"等多种寓意。"悼灵"两字，谈不上恶谥，但也绝不是美谥。

所以，嘉靖十五年（1536）九月，礼部尚书夏言上奏说，皇后正位中宫，言行举止，都合乎礼制，足可以称得上是"母仪天下"。原来为皇后所上的谥号是"悼灵"，"悼"字虽然与谥法中的"年中早夭"意思相合，但是"灵"字有六种含义，都不是美大的称号。因此，他建议重新为陈皇后确定谥号。

由于陈皇后已经去世八年，随着时间的流逝，嘉靖皇帝对陈皇后的怨气也逐渐消去。所以，才定陈皇后的谥号为"孝洁"。

这座皇后陵建于嘉靖七年（1528）十月，第二年九月陵工告成。园寝建筑朝向为东南。总平面呈纵向长方形。前面陵墙之间设殿门三间，院内设享殿五间、左右配殿各三间。再后面还有石五供案及墓冢等。

此外，文献记载，悼陵还曾设置有神宫监及果园、菜园房屋等附属建筑。其中，果园、菜园房屋的形制、位置均不可考。神宫监遗址位于园寝建筑的右前方，已经成为自然村落。

隆庆元年（1567）三月，陈氏迁葬永陵，悼陵陵寝的地下宫殿便空了下来。万历九年（1581）十月，嘉靖皇帝的皇贵妃沈氏去世，万历皇帝下旨将沈氏葬入悼陵地宫中。此后，又有嘉靖皇帝的文贵妃、卢靖妃两位妃子葬入。从此，皇后的陵园降格成为三名妃子的园寝，但陵名仍被人们沿用未改，而且建筑也没有因此而改变。

嘉靖皇帝的第二座妃子坟是贤妃郑氏坟。位于悼陵北约0.5里处，是嘉靖十五年（1536）修建的妃子坟。《明世宗实录》卷一八五记载："嘉靖十五年三月……贤嫔郑氏薨……追封为贤妃，谥怀荣，祔葬于悼灵皇后陵侧。"

其园寝建筑规制，有内外两道平面呈前方后圆形状的园寝围墙，里面有贤妃的坟冢。坟冢前设有石五供。园寝门开在正前方，按照园寝建筑的一般规律，门内过去应该建有照壁，但现在只剩下残墙和坟冢以及石供案了。

第三座妃子坟，位于悼陵北侧，葬有嘉靖皇帝的四位妃子、二位太子，与悼陵彼此相邻仅隔一条街道。

坟园的墓主为嘉靖皇帝的皇贵妃阎氏、王氏和贞妃马氏、荣妃杨氏，以及哀冲、庄敬二太子。其中，皇贵妃阎氏，原为贵妃，嘉靖十九年（1540）一月去世。因为她生有皇第一子哀冲太子，所以嘉靖皇帝追封她为皇贵妃，下令葬在悼陵之旁。同年九月入葬。

皇贵妃王氏，是庄敬太子的生母。嘉靖三十年（1551）一月去世，世宗下令让她"同阎氏墓葬"，也就是和阎氏葬在同一个墓葬中。

哀冲太子朱载基，嘉靖十二年（1533）八月生，落生仅两个月就夭亡了。

庄敬太子朱载壡，嘉靖十五年（1536）十月生。嘉靖十八年（1539），嘉靖皇帝南巡前他被立为皇太子，嘉靖二十八年（1549）三月，14岁时病故。他生性特别，喜欢静坐，不喜欢喧哗热闹。他曾经见到父亲叩头行礼说："孩儿不敢时时举手，因为天在上面。"后来，得病，临死前忽然朝北跪拜说："儿去矣。"然后，端坐而死。

这两位皇太子死后，都葬在了京西金山。由于这两位太子都没有活到成年，所以以方术见宠的陶仲文提出了"二龙不相见"之说。意思说，皇帝是真龙天子，皇太子则是小龙。对于嘉靖皇帝来说，大小龙相见不吉，所以，两个太子才没有保住命。嘉靖皇帝信以为真，从此再也不敢提立皇太子的事了。因此，隆庆皇帝朱载坖，虽然是嘉靖皇帝的第三子，庄敬太子去世后，本应该被立为皇太子的，却从嘉靖十八年（1539）封裕王，直到嘉靖四十五年（1566）当上皇帝，始终都没有被立为皇太子。

在皇贵妃王氏即将入葬时，嘉靖皇帝下令将这两位太子从金山迁葬在母亲的墓葬旁边，以从"冲幼儿随母"①之义。

---

① 《明世宗实录》卷三六九。

贞妃马氏、荣妃杨氏分别于嘉靖四十四年（1565）和嘉靖四十五年（1566）去世，也都葬在了这座坟园之中。

这座坟园寝建筑有围墙一周，平面也是前方后圆。园寝门开在前面，门内由前而后，依次有照壁一座、石五供一套以及坟冢五座。

这五座坟冢，高度都不足2米，按前后两排分布。前排两座，应该分别为马、杨二妃的坟冢；后排三座，中间的坟冢应该是阎、王两位皇贵妃的坟冢，北面的应该是哀冲太子的坟冢，南面的应该是庄敬太子的坟冢。

由于四妃二太子和贤妃郑氏，都是"祔葬孝洁皇后陵次"，这两座妃子坟有一个共同的特点，就是都没有享殿和配殿的设置。这不是设计上的疏忽，而是因为她们（他们）的神主，也就是牌位，按照礼制是应该供奉在悼陵享殿内的，所以便不需要修建享殿了。

这一点正如当时礼部议荣妃杨氏神主祔享时所说的话：既然杨氏是祔葬在孝洁皇后的陵旁，杨氏的神主就应当祔享于悼陵殿内，如果另建享殿，则与祔享之义不相吻合了。

《明世宗实录》卷五六〇记载，嘉靖四十五年（1566）六月，悼陵享殿内后妃神主的牌位是这样安置的：陈皇后的神主奉安在中间一间，阎氏和哀冲太子的神主供奉在东面第一间，王氏和庄敬太子的神主供奉在西面第一间，郑氏和杨氏神主供奉在东二间，马氏神主供奉在西二间。

嘉靖皇帝的这三座妃坟还有一个共同之处，就是这三座园寝都没有树立石碣。这是为什么呢？

天寿山妃坟树立石碣，出自明世宗嘉靖皇帝主张。东西二井和万贵妃坟都是嘉靖时期树立的石碣。然而，嘉靖皇帝这三座妃坟却都没有设立。嘉靖皇帝当时只是为自己前辈的妃坟增建石碣，所以他自己的皇后陵，以及两座妃子坟便都没有竖立石碣。

四、万历皇帝的五妃坟

万历皇帝的五妃坟，位于银钱山下，这座山位于苏山之南，古代还叫作银雀山或者银泉山。这座妃子坟，埋葬着万历皇帝的二李、刘、周四妃和郑贵妃，是天寿山陵区内规模最大的一座妃子坟。

此坟建于万历二十五年（1597）三月，园寝形制大体如东西二井和万贵妃坟，但是外面又多出一道外罗墙。

园寝内最先安葬的是万历皇帝的敬妃李氏。敬妃李氏，万历十年（1582）入选为嫔，生惠王朱常润、桂王朱常瀛。去世后，追封为皇贵妃。万历皇帝一开始想把她葬在定陵地宫的右配殿。后来根据内阁大臣建议，营葬在这里。

第二位入葬的是顺妃李氏。顺妃李氏，也是万历十年入选为嫔，天启三年（1623）闰十月去世。熹宗下旨安葬在这座妃坟内。

第三位安葬的是皇贵妃郑氏，她是万历皇帝最宠爱的妃子，顺天府大兴县人，也就是现在的北京大兴人。明末清初人谈迁《枣林杂俎》义集《彤管》"恭恪惠荣和靖皇贵妃郑氏"曾经记载她的身世。

她的父亲名叫郑承宪，家里非常贫穷。为此，父亲将女儿许配给了某位孝廉做小妾。父女临别时，郑氏痛哭不已。孝廉对她产生了怜悯之情，派人把她送回了家，并且不再追要聘礼。郑氏对孝廉非常感恩，脱下自己的一只鞋送给孝廉，答应将来一定报答这份恩情。后来，郑氏进宫，成了皇帝的宠妃，感念前事，却忘了那位孝廉的姓名。就把自己所穿的鞋拿出来，让小内官到市场去卖。因为标价很高，一直没人问津。那位孝廉听说了这件事，拿着郑氏留给自己的那只鞋去了，一对比，两只鞋完全一样。郑氏由此找到了那位孝廉。郑氏含泪将这事告诉了万历皇帝，说："如果不是那位孝廉，我恐怕不能在这里侍候您了。"那位孝廉因此走上了仕途，当上了盐运使。

郑贵妃是神宗生前最宠爱的妃子。她在万历十年（1582），神宗册立九嫔时，被册为淑嫔，万历十一年（1583）晋封为德妃，万历十二年（1584）晋封为贵妃，过了两年生福王朱常洵，又晋封皇贵妃，地位仅次于皇后。

万历皇帝非常希望立郑贵妃所生的朱常洵为皇太子，后因群臣和万历皇帝的母亲慈圣皇太后坚持立长，万历皇帝才不得不割爱，立朱常洛为太子，而将朱常洵封为福王。但给福王的待遇格外优惠。福王的封国在洛阳，仅王府的修建就用去了28万两白银，王庄也多达1900顷。

郑贵妃因为儿子争夺太子之位的事，与光宗母子矛盾很深。所以，熹宗登极后，御史温皋谟曾上疏揭发郑贵妃的罪行，说她"摧残孝靖皇后"。然而，郑贵妃在光宗、熹宗二朝并没有受到任何打击。光宗在郑贵妃所赠的美姬和珠玉面前，竟要遵奉神宗遗诏，册封郑氏为皇太后。由于礼部侍郎孙如游极力反对，才没有成为事实。

崇祯三年（1630）五月，皇贵妃郑氏去世，崇祯皇帝下旨，"即葬李氏园内，并择吉开隧兴工"[①]。所以，在这年的十一月，郑氏葬在这座园寝内。

此后，这座妃坟又相继葬入昭妃刘氏及端妃周氏。

清顺治三年（1646）三月，昌平县民王科等七人曾盗发此墓，事发后被捕弃市。清初吴伟业有《银泉山》诗咏其事。诗云：

> 银泉山下行人稀，青枫月落鱼灯微。
> 道旁翁仲忽闻语，火入空坟烧宝衣。
> 五陵小儿若狐兔，夜穴红墙县官捕。

[①] 《崇祯长编》卷三四。

玉碗珠襦散草间，云是先朝郑妃墓。①

  这首诗的意思是，正当银泉山下行人稀少的时候，这座妃坟的周围枫树刚刚返青，月亮已经落山，远处只能看到村中微弱的灯火。神道旁的石翁仲忽然听到有人悄悄说话，有人拿着火把潜进坟园地宫，把妃子们的宝衣烧着了。皇陵旁居住的年轻人就像狐狸和兔子一样狡猾，夜里把妃子坟的红墙挖个洞钻了进去，结果还是被昌平的县官抓捕了。只见玉碗、装饰着珠宝的短衣，撒落在草丛中，大家都说这些东西都是从前朝郑贵妃墓中出来的。

  明末清初的学者谈迁在他写的《北游录·纪邮上》中记载，他曾在顺治十一年（1654）时亲至思陵一带，问思陵的守陵太监许氏是否有陵园被发掘的情况。许氏对他说：各陵以及妃子坟都没有被盗，只有距离这里三里地的银泉山四妃坟被盗了。盗墓的人，被抓捕后斩首，头颅悬挂在昌平城的谯楼上，后来又在大红门悬挂示众。因为当时端妃周氏还没有葬入，所以许氏称那座妃坟为"四妃坟"。现在，这座五妃坟园还有遗迹保存。

---

① 清光绪《昌平州志》卷二一《丽藻录》。

14·1·东井远景

14·2·成化皇帝朱见濡（深）画像

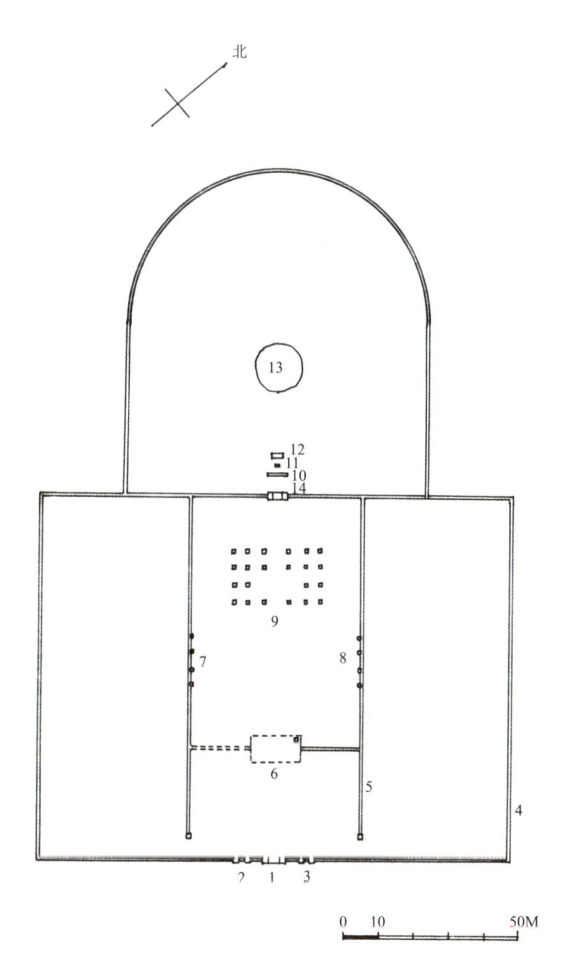

14·3·万贵妃坟平面示意图。1. 园寝正门；2、3. 披门；4. 园寝外墙；5. 园寝内墙；6. 殿门遗址；7. 右配殿遗址；8. 左配殿遗址；9. 享殿遗址；10. 照壁；11. 石碑；12. 石供案；13. 坟冢；14. 园寝内门

14·4·万贵妃园寝门

14·5·万贵妃坟石碑

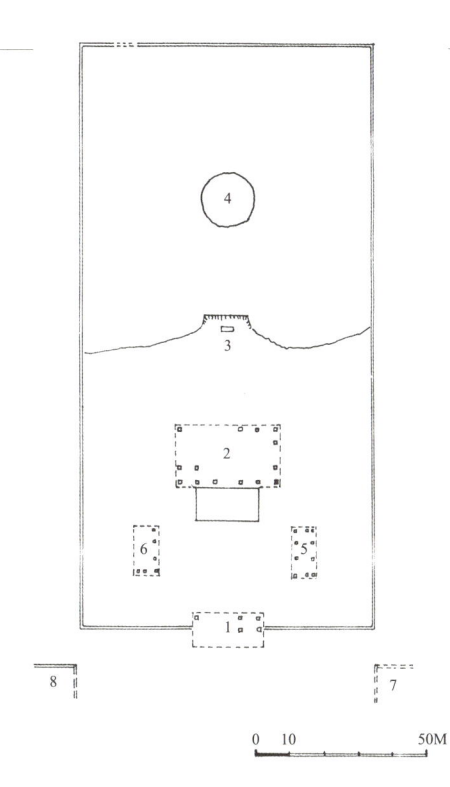

1. 陵门遗址；2. 享殿遗址；3. 石供案；4. 墓冢；5. 左配殿遗址；6. 右配殿遗址；7. 神厨遗址；8. 神库遗址

14·6·悼陵平面图

14·7·悼陵陵门遗址

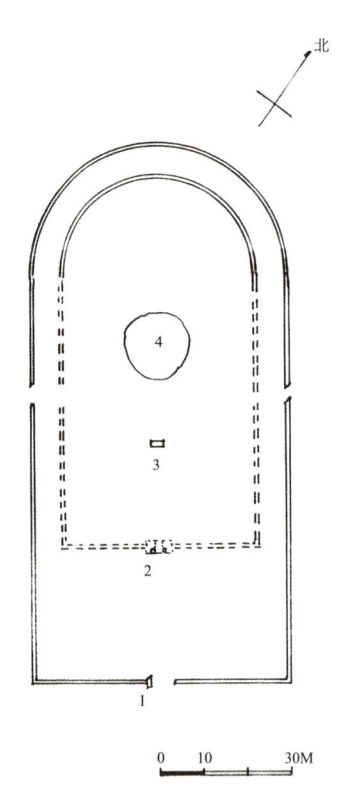

14·8·贤妃坟平面图。1.外墙园寝门遗址；2.内墙园寝门遗址；3.石供案；4.坟冢

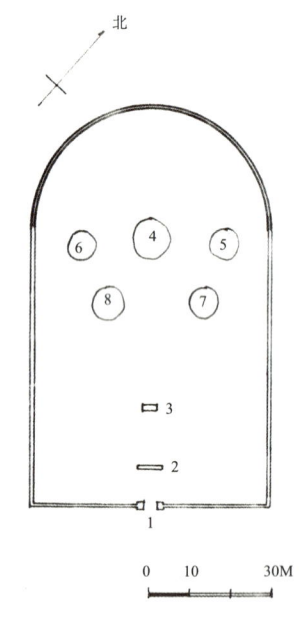

14·9·四妃二太子坟平面图。1.园寝门遗址；2.照壁；3.石供案；4、5、6、7、8.坟冢

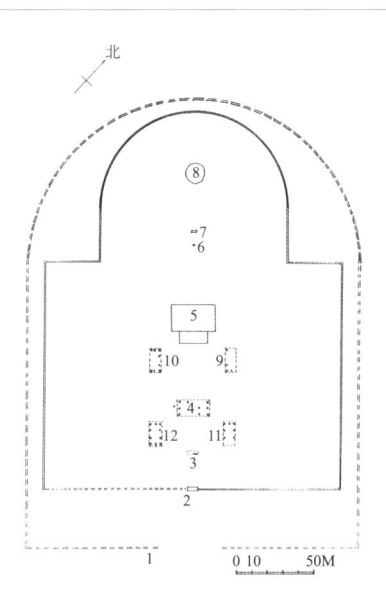

14·10·郑贵妃与二李、刘、周四妃坟平面图。1. 外罗墙遗址；2、3. 园寝内门遗址；4. 殿门遗址；5. 享殿遗址；6. 石碑；7. 石供案；8. 坟冢；9、10. 配殿遗址；11、12. 神厨、神库遗址

14·11·神宗五妃坟围墙

14·12·天启元年三月皇贵妃郑氏代神宗书写的青纸金字佛经（局部）

第十五章

陵阙余晖

清朝入主中原后，对明十三陵是怎样的态度，是进行了大肆破坏，还是置之不问，还是进行了相应的保护？过去有个流传非常广的传说叫"乾隆爷心不公，拆大改小十三陵"，并且说乾隆皇帝修缮明十三陵就是为了盗取明长陵的楠木，来修清东陵。这些传说到底是真还是假？

一、明代天寿山明陵的管理

明朝时的天寿山陵寝，被视为皇权的象征，天寿山陵区更被视为神圣不可侵犯的"禁地"。它的重要性，丝毫不亚于都城。在某种程度上，甚至被人们认为比国都还要重要。因为，都城可以迁移，而如此庞大的陵墓建筑群不可能迁移。如果把祖先的陵墓丢下不管，导致其被毁或被破坏，则会受到全社会的谴责。

例如，明正统十四年（1449）的秋天，"土木之变"之后出现的情况就说明了这一点。在这次事件中，明英宗朱祁镇被俘，50万明军全军覆没。

这一消息传到北京，群臣在朝堂讨论如何战守。

这时，有位翰林院侍讲叫徐珵，极力主张南迁都城。他认为，这年秋天，火星进入了南斗星群。古代论星象有"荧惑入南斗，天子下殿走"[①]之说，荧惑就是火星，进入南斗星群，是对天子不利的星象。徐珵相信这个说法。所以，他私下对朋友说，祸事就要来了。他让家人赶紧到南方避难。妻子不愿意，他对妻子说，难道你不怕被瓦剌俘虏吗？

这次大家讨论战守问题，他说："验之星象，稽之历数，天命已去。惟南迁，可以纾难。"[②]意思是说，检验星象，查考历数，国家的运数已经没了，只有南迁才能免去灾难。徐珵的星象之说，当然是荒唐迷信的说法，经不住历史的验证。因为英宗被俘，完全是太监王振瞎指挥造成的。况且，洪武年间就曾出现过荧惑入南斗的情况，当时也没有出现什么问题。所以，徐珵的说法马上遭到了大家的反对。

礼部尚书胡濙说："文皇帝定陵寝于此，示子孙以不拔之计。"[③]意思是，当年永乐皇帝把陵寝定在这里，就是警示子孙后代不要迁都。

兵部侍郎于谦也厉声喝道："主张南迁的人，应当斩首！难道没见到宋朝南渡的事吗？为今之计，应该赶紧召集天下勤王兵马，誓死守卫京城！"太监兴安也厉声喝道："如果南迁，谁来守卫陵寝？！"

徐珵因此被轰出了朝堂。他怕人们记起这件丑事，后来改名为徐有贞。

从这里可以看出，在明代，陵京实为一体。陵在则京在，京在则陵在；陵危则京危，京危则陵亦危。所以，终明之世加强陵寝的防卫，始终是明朝极为重要的一件事。

那么，明朝时，是怎样对天寿山陵寝进行保护的呢？

首先，有成建制的军队对天寿山明陵进行保卫。

明朝的军制实行卫所制度，分中央、省和地方三个层级。中央一级的

[①] （宋）司马光：《资治通鉴》卷一五六《梁纪》一二《高祖武皇帝》。
[②] 《明史·徐有贞传》。
[③] 《明英宗实录》卷一八一。

军事机构是五军都督府；省一级的军事机构是都指挥使司；地方的军事机构则是卫指挥使司。每个卫指挥使司，按照明朝军队建制，额定兵员人数总计5600人。设有卫指挥使（正三品）一人、指挥同知（从三品）二人、指挥佥事（正四品）四人、镇抚司镇抚（从五品）二人等武职官员。每卫下领五千户所。每所设正千户（正五品）一人、副千户（从五品）二人、百户（正六品）十人，此外，还有总旗、小旗等武职官员。

天寿山各陵的守卫军队都是卫指挥使司。明朝时，每建一陵，必设一卫。终明之世，先后建有长陵卫等十二卫。而崇祯皇帝的思陵，因为是清朝时修建的，所以没有陵卫设置。

陵卫官军原来驻扎在天寿山陵区的中、东、西三山口及东西二营地方。因为在"土木之变"之后，瓦剌军攻破陵卫营寨，杀散官军，夺走陵卫官军印信，并毁坏长陵大殿内祭器，所以景泰元年（1450），又在天寿山南面修建了永安城，专门用来驻扎各陵卫官军。后来昌平县治也迁在城内，遂名为昌平城。

陵军除了护卫陵寝，还负责天寿山禁山范围内的巡视。天寿山陵寝的禁山范围，是指陵寝周围相关山脉，也就是被古人称为"龙脉"的相关范围。这个范围比陵区十个山口范围面积还要大。

它的四面界线为，北面到达北京市怀柔区的黄花镇，南到北京市昌平区的凤凰山，西面到北京市昌平区的居庸关，东面到北京市怀柔区的苏家口。在这些重要的地界，都立有界石，大书"禁地"二字。在这个范围内，人们不得砍伐树木、割草拾柴，更不得采石烧灰。若盗砍树木，或取土、取石，开窑烧造、放火烧山的，都会处以斩绞等重刑。

为了统辖各陵卫的军事，从景泰初年（1450—1452）开始，朝廷专门派遣都督或都指挥佥事等将官，统领长、献、景三陵陵卫官军，镇守天寿山陵区。天顺三年（1459），改设为天寿山守备。天寿山守备，又称昌平守备，是负责陵区守卫的最高军事指挥官，其职责是协同内守备太监保卫陵寝。天寿山守备之下设有城操把总三员，专门负责陵卫官兵的训练。

后来，随着边塞形势的恶化，天寿山各陵陵卫的管理体系，又发生了一些变化。

嘉靖二十九年（1550）"庚戌之变"，蒙古鞑靼部直扑北京城，陵区内的康陵园、工部厂等处均遭到抢掠。事平后，长、献、景、裕、茂、泰、康、永八陵陵卫官军被统一编为永安、巩华二营。永安营军士4000人，驻昌平，设副总兵一员统领；巩华营3000人，驻巩华城，设分守一员统领。同时每陵各留军士50名，负责打扫陵殿、大红门，以及把守东、西山口和松园三处地方。还有部分士兵负责巡逻，以及把守昌平城门。

嘉靖三十九年（1560），鉴于昌平一带地区在陵京防御体系中的重要军事地位，朝廷从原有的蓟镇防区中独立设置了昌平镇，防守黄花镇路、居庸路、横岭口路三路城堡。原来设于昌平的提督都督，改为昌平镇的镇守总兵官，并且裁撤永安营副总兵。从此天寿山守备成为昌平镇守总兵官的属下，陵卫官军则编入昌平镇的营路之中。

当然，到了明朝中后期，各陵卫的官军并不满员。如弘治十四年（1501），长陵卫原额7800余名，但实际上只有2200人，而且杂差居多。《明世宗实录》卷三四八更有"护陵八卫之军，数不满万"之说。但即使如此，天寿山的陵军数量仍然是非常可观的。

除了陵卫，天寿山陵区内还设有神宫监、祠祭署等陵寝管理机构。

神宫监，属于内官系统，明朝时，每个陵都设有神宫监官。他们的驻地就在各陵附近的神宫监院内。每个陵的神宫监都设有掌印太监一员，也就是神宫监的主要负责人。下设佥书、管理、司香以及长随内使等低级内官若干人员。其职能主要是司香火、供洒扫、掌管陵园锁钥，维护陵园日常安全等，也负责管理各陵的皇庄、果园、榛厂、神马房等事项。

统领各陵神宫监官的是天寿山内守备太监,他与天寿山守备共同负责天寿山的陵区的保护。

祠祭署,是朝廷主管各种祭祀活动的衙门太常寺的派出机构。明朝时每陵各设一祠祭署在陵园附近,有奉祀、祀丞、牺牲所吏目各一人。其职责主要是管理陵寝的财产、祭器,以及为陵寝祭祀活动做准备,并管辖各陵的陵户。

二、清代对明十三陵的管理

进入清朝以后,明朝所确定的一些陵寝禁令解除了。人们可以随意在禁山范围及陵区内出入,甚至可以出入陵园进行参观考察。

陵区内的果园、陵监,因此而演变为自然村落,陵区外的农户也不断迁居陵区之内,形成新的村落。清光绪《昌平州志》卷四《土地记第三下》记载,光绪年间陵区内的自然村落已有33个之多。

陵禁的废弛不仅为农户提供了土地,也为学者们考察明十三陵提供了便利条件。如明末清初顾炎武和梁份等人,就曾对明十三陵做过详细考察,并且分别留下了十分珍贵的历史资料。

顾炎武出于对明王朝的怀念,从清顺治十六年(1659)到康熙十六年(1677),19年中,曾六次拜谒明朝的象征——明十三陵,写下了《昌平山水记》这一反映明十二陵陵寝制度及昌平山川地理形胜的著作。

梁份,在康熙四十二年(1703)与黄曰瑚徒步往谒明十三陵,梁份写作图说,黄曰瑚用步丈量距离,也对明十三陵进行了较为全面的勘查。第二年冬,完成了《帝陵图说》这一全面记述北京地区明代帝陵的历史专著。

当然,清朝时陵禁的废弛并不意味着对破坏明陵的事件就放任不管了。

清朝时,明十三陵被定位为古帝王陵墓,陵区内的陵坟建筑及近陵树木还是处在保护之列的。为此，顺治、康熙、雍正、乾隆等朝，皇帝曾经亲降谕旨，对明十三陵进行保护。顺治十六年（1659）十一月十七日清世祖颁发的保护明十三陵的谕旨，在乾隆年间还以满、汉两种文字的形式，镌刻在长陵陵宫内的龙趺碑上，至今犹清晰可见。

清朝时，明十三陵虽然不再设置各陵神宫监、祠祭署和陵卫机构，但是也设置有专职的陵寝管理和守护人员。

清朝时，明十三陵的专职管理人员有哪些呢？

一是司香内使。司香内使，也就是守陵太监。始设于顺治元年（1644）七月，每陵所设人数最多时4人，最少时2人。乾隆二十二年（1757）裁去不设。

二是陵户。始设于顺治元年（1644）八月，每陵所设不同时期人数也不相同，最多时，每陵设24人，最少时每陵仅3人。乾隆年间，每陵设陵户4名，仍各给地35亩，每年交租银150两，作为陵祭费用，下余各户分用。陵户的主要职责是负责看守陵园建筑及近陵树木。

三是明裔一等侯。清朝时，明裔一等侯始设于雍正二年（1724）十月。创议则在康熙年间。《清朝通典》卷四九记载，康熙三十八年（1699）四月，清圣祖康熙皇帝南巡至江宁（今南京），曾亲自到朱元璋的孝陵祭拜。祭拜完毕，他对从行的大学士说："我今天去明太祖陵寝致奠，见陵园建筑毁坏严重，这都是没有专人负责导致的。我想访察明代帝王后裔，授以职衔，让他世守明陵祭祀。古代的时候，周朝曾封夏朝和商朝的帝王后裔于杞国与宋国。现今本朝四十八旗蒙古，都是元朝帝王的子孙，我都加以优待。明朝的后世，也应该酌情授予一个官职，让他专门负责明陵的祭祀和管理事宜。"

但是，康熙皇帝回京后，可能是把这事忘了，也可能觉得不是紧迫要办的事，可以放一放再说，准确原因我们不得而知。总之，康熙皇帝当时所拟的谕旨放置在一个盒子中，没有颁发下去。

雍正元年（1723）九月，清世宗雍正皇帝在清理康熙皇帝的遗物时，发现了这道未颁发的谕旨。雍正皇帝下令将康熙皇帝的谕旨颁发下去，并且下令查访明太祖支派后裔。

经查访，于雍正二年（1724）二月，找到了一个叫朱廷椒的人。据称他是明太祖第十三子代简王朱桂的后代，谱牒记载明确。遂在这年十月封其嫡孙，当时正在任职正定府知府的朱之琏为一等侯，世袭，世世代代负责明陵的祭祀及管理事宜。

朱之琏封爵后，奉命每年春秋对明陵进行祭祀，同时也担负起明陵的日常管理事宜。雍正八年（1730）朱之琏去世，乾隆十四年（1749）追赠他为一等延恩侯，世袭。

三、乾隆时期大举修缮明十三陵

清朝乾隆年间还曾对明陵进行过修缮。规模最大的一次就是乾隆五十年（1785）至五十二年（1787）的那次修缮。

那次修缮，从乾隆五十年三月动工，至乾隆五十二年三月竣工，用了整整两年的时间。乾隆五十年三月，清高宗颁布修葺明十三陵的谕旨。他在谕旨中说，他去小汤山泡温泉，路过昌平，拜谒了明长陵。看到各陵明楼、享殿多有损坏，神牌、龛案也都遗失无存。甚至像长陵那样的楠木大殿，都是"栋柱如旧椽木朽，檐瓦落地狐兔走"[1]。所以，乾隆皇帝才下令对各陵进行修缮，并增设龛案和牌位。

这次修缮，奉命督理工程的有协办大学士吏部尚书刘墉、礼部尚书德保、

---

[1] 长陵神功圣德碑碑阴刻乾隆五十年清高宗《哀明陵三十韵》。

工部尚书金简，户部侍郎曹文埴、工部侍郎德成等多名大臣。

他们来到明十三陵进行查勘后，发现明十三陵的陵寝建筑残坏确实比较严重，许多殿宇、亭、楼和墙垣都出现了坍塌、漏雨等情况。所以，他们在修葺过程中，对不同的陵和不同的建筑采取了不同的修缮方案。其中，有的建筑维持了原来的规制，但许多建筑或拆或改，已经改变了原来的面貌。

例如，明朝所建各陵的明楼，除了永陵、定陵保持原来的形制，其余10个陵明楼的顶部，都由原来的木结构的梁架结构，改成了石条发券的结构，并且封闭了左右两个方向的券门；其中，康陵明楼因为被李自成农民起义军焚毁还缩小了体量重建。

而且除了长、永、定三陵，其余九陵的方城下的券洞门也被封死，改在方城右侧增建一道斜坡道，由此上达宝城。此外，长陵券洞内的琉璃照壁被拆除，永、定二陵城台两旁的石门楼也被拆除。

又如，各陵的祾恩殿拆改情况也很严重。长陵祾恩殿，在明朝时，殿内斗拱、梁、木柱上都是有彩画的。其中，中间四柱装饰有金莲，其余柱子上都油饰红漆。在这次修缮时，因为刘墉等人觉得露出楠木本色，反显古雅，所以把彩画都去除掉了。

另外，景、永、昭、定、庆、德六陵的祾恩殿，都由原来的重檐歇山顶，改成了单檐歇山顶，并且缩小了间量；而永、定二陵由原来的七间缩小成五间。

长陵以外各陵的祾恩门也都缩小了间量或规制。其中，永、定二陵的祾恩门都由五间改建成了三间。其余各陵虽然面阔间数没变，但间量都缩小了，并由原来的单檐歇山顶为硬山顶的形制。

长陵以外，各陵的神功圣德碑亭，则全部拆除，改砌成四面矮墙，使石碑露天。长陵的神功圣德碑亭则改木构梁架结构为石条发券结构。

各陵的左右配殿，以及宰牲亭、神厨、神库都被拆除，没有修缮。

只有崇祯帝的思陵，不但没有拆大改小，还有扩大和完善。

可以看出，在这次修缮中，除思陵属于扩建外，其他各陵都有建筑被拆除而没有修复的情况。其中，陵园的主要建筑殿宇、陵门的拆大改小情况是非常严重的。正是这种情况存在，才使"乾隆爷心不公，拆大改小十三陵"的传说，让人信以为真。

那么，乾隆皇帝修缮明十三陵的目的，真的是为了窃取楠木，修建清东陵吗？

其实不然。诚然，修缮中确实存在将大量建筑材料运回京城的情况。刘墉等人在乾隆五十二年（1787）六月初十的奏章说，在乾隆五十一年（1786）时就曾经从明十三陵运回部分建筑材料，这次又打算将"各陵各监废墙，共计拆卸旧砖一百三十余万块"中整齐坚实的全部运回北京，"以备各工取用"。

除此之外，当时准备运回京城的还有：大小楠木 238 件、墩头 584 件、改砍糟楠木 224 件、零星小件楠木截头等折见方尺 25700 余尺，以及花斑石 500 余块。[①] 其中花斑石一项是定陵宝城的垛口用石。因为按《帝陵图说》的记载，定陵宝城墙的垛墙也都是花斑石垒砌的，而且至今定陵院内还残留有被拆下但没有被运走的宝城垛口花斑石石料。

从刘墉等人奏折所说的情况看，当时运回京城的这些砖、石、木料，只是"以备各工取用"，并没有确切资料证明清东陵的修建，使用了明陵拆卸下来的楠木大料。而且，乾隆皇帝的裕陵，虽然是乾隆皇帝生前所建，但是这座陵早在乾隆十七年（1752）就基本建成了。那时乾隆皇帝还没有下旨修葺明十三陵，怎么可能用上从明十三陵拆卸下来的楠木呢？！所以，传说虽然有趣，但只能作为茶余饭后的谈资。

[①] 中国第一历史档案馆藏《内务府来文·陵寝事务·刘、德、金、德谨奏为奏明请旨事》。

清乾隆时修缮明十三陵，为什么会出现这么多改变历史原状的情况呢？原因有两点：

一是明十三陵毕竟不是清朝本朝的皇陵，乾隆皇帝没必要，也不可能花费那么多的资金来修缮前朝的帝陵。

二是明十三陵的规模比较大，如果都按原制修缮，工程量和财政支出都会很大。

所以，事实上这次修葺所用费用，不算支取户部颜料、工部木植费用，只用了帑金（白银）28.6万余两。这点费用，也就只能修修陵园中的主要建筑，其拆大改小、不循原制便是自然而然的事。

但即使这样，乾隆皇帝还是觉得，明朝各陵已经能够满足祭祀活动的需求，并且在观瞻上也是"殿宇焕然，松楸如旧"[1]，对明朝已经是极大的优待了。

为什么明十三陵在清代没有遭到严重破坏，还得到了保护和修缮呢？

乾隆皇帝的解释是，大清朝的江山是"得之贼手，立统正，而仇复前朝"[2]。也就是说，在乾隆帝看来，他们大清的江山，不是从明朝手里抢来的，而是从明朝的贼人李自成手里夺来的。所以清朝大一统王朝的建立，不仅光明正大，而且他们剿灭了李自成的大顺政权，还为明朝报了君父之仇。

当然，乾隆皇帝也承认，过去明朝和清朝之间确实打过仗。明朝的天启皇帝甚至认为，后金的兴起与房山金陵有关。在明朝君臣看来，房山的金代帝陵就是后金祖先的陵墓。所以，派人把房山的金陵地脉挖断，修建关帝庙，作为压胜之术，想以此阻止后金的崛起。乾隆皇帝认为，天启皇帝这样做，是让人感到心胸不宽广，但这些事已经过去一百多年，"德怨

---

[1] 清光绪《昌平州志》卷一《皇德记第一》。
[2] 明长陵龙趺碑阴刻乾隆五十年清高宗《谒明陵八韵》。

久泯"。所以，他还是下令修缮了明十三陵。

当然，乾隆皇帝的解释，完全是站在清王朝的立场上的。其实，真正的历史原因应该出自如下两个方面。

一是清朝入关后，满汉两族的民族矛盾日益激化。清朝要实现全国的统一，需要缓和满汉两族的民族矛盾。而明朝的皇帝陵寝，就是明朝统治的象征，所以修葺明十三陵，对于怀柔满汉两族人民的关系，也有一定意义。

二是清朝作为在文化上相对落后的少数民族统治者，需要吸纳汉族的历史文化。而汉族的历史文化一直强调历史的延续性。所以，明代建有历代帝王庙，供奉着历史上各个朝代的创业之君，其中就包括元世祖忽必烈。清承明制，也在历代帝王庙中供奉明太祖朱元璋。这说明，清朝是承认明朝这段历史的。那么，把明朝的皇帝陵寝视为古帝王陵寝，加以保护并进行适当修葺，便是顺理成章的事。

四、晚清及民国初年对明十三陵的管理

清朝承袭延恩侯爵位的，在朱之琏之后又有十一代。

但是这些袭爵的延恩侯，并不都恪尽职守。例如，同治八年（1869）袭爵的朱诚端，竟然私自招募陵户，开垦妃坟园寝为田地，从中渔利，因此被交到刑部议处。

朱诚端的儿子，也是最后一代延恩侯朱煜勋，在民国建元后仍以延恩侯的身份管理明十三陵。但在民国十四年（1925），因为他曾经擅自盗伐明仁宗的儿子滕怀王墓的柏树，被停止了管理明十三陵的权力。河北省政府下令由昌平县派人接管了明十三陵。后来又设立明陵警察所，陵户也因此而裁革。

民国十八年（1929）初，末代延恩侯朱煜勋曾经以生活困难为由，

请求国民政府对他进行抚恤，委任他一个小官职，以维持自己一家人的生活。内政部经过研究，建议委任朱煜勋为"明陵保管委员"，以解决他个人生计问题，同时又可以使他在与民国法令不相抵触的情况下，维护他先人的陵寝。

这个建议，经国民政府行政院会议通过，内政部在这年的七月，发给朱煜勋委任令，每月薪水洋定为50元。

但是，自从朱煜勋被任命为明陵保管委员以后，只是白拿薪水，从来没有亲自到明十三陵一次，而且，还曾经有人控告他盗卖银雀山妃坟墓地，以及出现匪人发掘妃坟事情。因此，内政部认为他根本就没有履行职责，于是在民国二十二年（1933）十月，下令撤销了朱煜勋的明陵保管委员职务。从此，延恩侯彻底从明十三陵的管理中消失。

当然，清朝灭亡后，明十三陵曾经经历军阀混战、日伪统治，明十三陵的不少建筑在此期间遭受到严重的自然的、人为的破坏。

中华人民共和国成立后，才真正开启了明十三陵全面保护的新纪元。1961年，国务院公布明十三陵为第一批全国重点文物保护单位；2003年，经联合国教科文组织世界遗产委员会会议审议通过，明十三陵作为世界文化遗产"明清皇家陵寝"的扩展项目，列入《世界遗产名录》。相信随着我国文物保护事业的发展和明十三陵历史文化研究的不断深入，明十三陵丰富的历史文化内涵会越来越深刻地展示在世人面前。

更多精彩 扫码观看

15·1·长陵龙趺碑满汉两种文字顺治皇帝谕旨

15·2·乾隆时期缩建的庆陵祾恩殿遗址

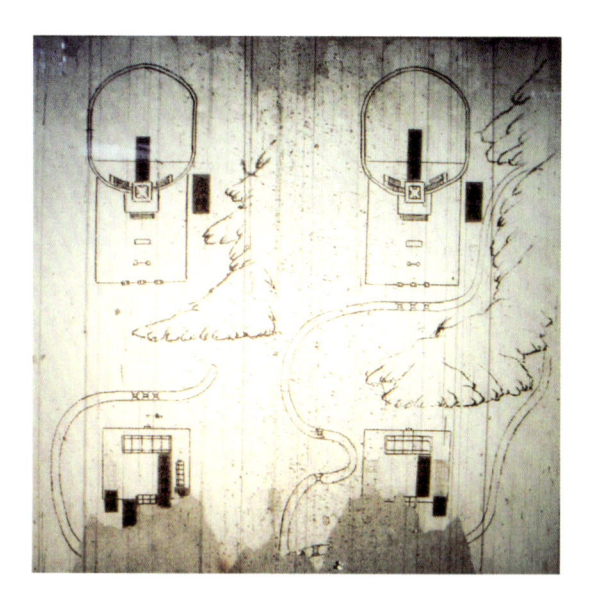

15·3·中国第一历史档案馆藏乾隆五十年庆、献二陵修缮样式雷设计图

15·4·茂陵明楼清乾隆五十年增构的石券顶

15·5·民国二十四年时的定陵祾恩门（采自《明长陵修缮工程纪要》）

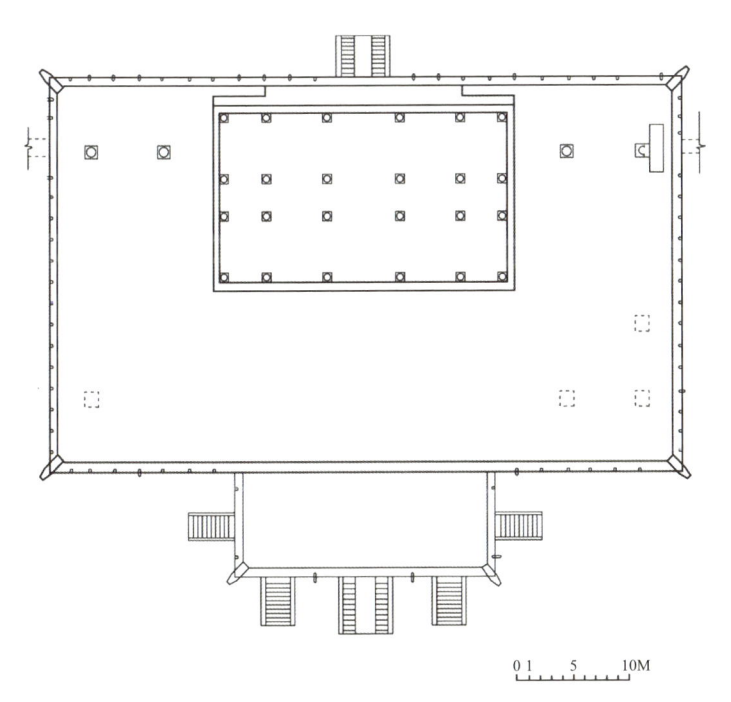

15·6·永陵祾恩殿平面图

探秘明十三陵

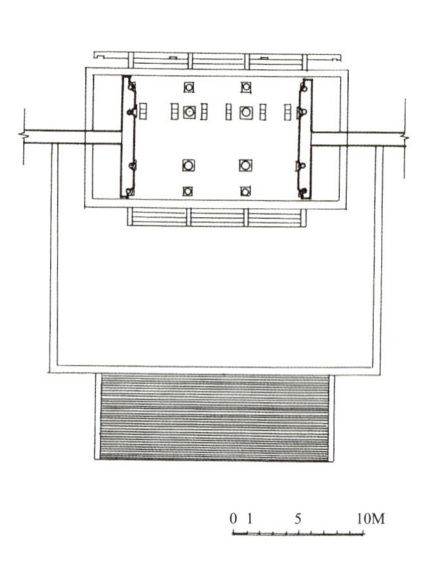

15·7·裕陵祾恩门现状平面图

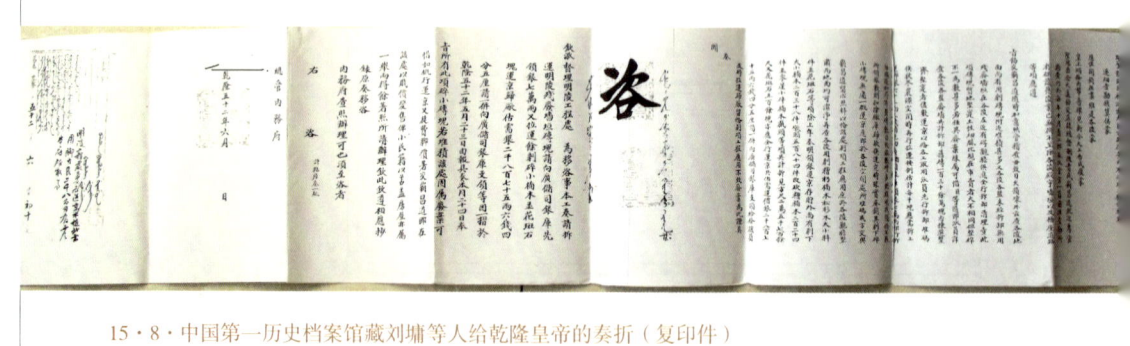

15·8·中国第一历史档案馆藏刘墉等人给乾隆皇帝的奏折（复印件）

15·9·1994年修缮后的献陵方城、明楼

15·10·2009年根据遗址复建的茂陵祾恩门

第十五章 陵阙余晖

附录 明朝帝陵、帝系一览表

序号	陵名	皇帝姓名	年号	庙号	谥号	在位时代（年）	世系	享年	合葬皇后姓氏	陵址
1	祖陵	朱百六		德祖	玄皇帝		太祖高祖父	不详	胡	江苏盱眙
		朱四九		懿祖	恒皇帝		太祖曾祖父	不详	侯	
		朱初一		熙祖	裕皇帝		太祖祖父	不详	王	
2	皇陵	朱世珍		仁祖	淳皇帝		太祖之父	64	陈	安徽凤阳
3	孝陵	朱元璋	洪武	太祖	高皇帝	1368—1398		71	马	江苏南京
		朱允炆	建文	南明弘光朝上庙号"惠宗"	南明弘光朝谥"让皇帝"，清乾隆元年谥"恭闵惠皇帝"	1398—1402	太祖孙，皇太子朱标第二子	不详		
4	长陵	朱棣	永乐	初为"太宗"，嘉靖十七年改为"成祖"	文皇帝	1402—1424	太祖四子	65	徐	北京昌平
5	献陵	朱高炽	洪熙	仁宗	昭皇帝	1424—1425	成祖长子	48	张	北京昌平

续表

序号	陵名	皇帝姓名	年号	庙号	谥号	在位时代（年）	世系	享年	合葬皇后姓氏	陵址
6	景陵	朱瞻基	宣德	宣宗	章皇帝	1425—1435	仁宗长子	37	孙	北京昌平
7	裕陵	朱祁镇	正统 天顺	英宗	睿皇帝	1435—1449 1457—1464	宣宗长子	38	钱、周	北京昌平
8	景泰帝陵	朱祁钰	景泰	南明弘光朝上庙号"代宗"	景皇帝	1449—1457	宣宗次子	30	汪	北京海淀
9	茂陵	朱见濡（深）	成化	宪宗	纯皇帝	1464—1487	英宗长子	41	王、纪、邵	北京昌平
10	泰陵	朱祐樘	弘治	孝宗	敬皇帝	1487—1505	宪宗三子	36	张	北京昌平
11	显陵	朱祐杬		睿宗	献皇帝		宪宗四子	43	蒋	湖北钟祥
12	康陵	朱厚照	正德	武宗	毅皇帝	1505—1521	孝宗长子	31	夏	北京昌平
13	永陵	朱厚熜	嘉靖	世宗	肃皇帝	1521—1566	睿宗次子	60	陈、方、杜	北京昌平
14	昭陵	朱载坖	隆庆	穆宗	庄皇帝	1566—1572	世宗三子	36	李、陈、李	北京昌平

续表

序号	陵名	皇帝姓名	年号	庙号	谥号	在位时代（年）	世系	享年	合葬皇后姓氏	陵址
15	定陵	朱翊钧	万历	神宗	显皇帝	1572—1620	穆宗三子	58	王、王	北京昌平
16	庆陵	朱常洛	泰昌	光宗	贞皇帝	1620	神宗长子	39	郭、王、刘	北京昌平
17	德陵	朱由校	天启	熹宗	悊皇帝	1620—1627	光宗长子	23	张	北京昌平
18	思陵	朱由检	崇祯	南明弘光朝初上庙号"思宗"，后改"毅宗"；隆武朝上"威宗"。清顺治元年定"怀宗"，顺治十六年去除	南明弘光、隆武朝均谥"烈皇帝"；清顺治元年谥"端皇帝"，顺治十六年改谥"庄烈愍皇帝"	1627—1644	光宗五子	35	周	北京昌平